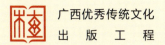

广西优秀传统文化
出版工程

"考古广西"丛书

古墓葬的奥秘

熊昭明　黄书玉　著

扫码获取更多资源

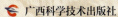

广西科学技术出版社

·南宁·

图书在版编目（CIP）数据

古墓葬的奥秘 / 熊昭明，黄书玉著 . -- 南宁：广西科学技术出版社，2024.12.--（"考古广西"丛书）.
ISBN 978-7-5551-2336-1

Ⅰ. K878.84

中国国家版本馆 CIP 数据核字第 202461P6Y4 号

古墓葬的奥秘

熊昭明　黄书玉　著

出 版 人：岑　刚	装帧设计：刘瑞锋　阳玳玮　韦娇林
项目统筹：罗煜涛	排版制作：王玲芳
项目协调：何杏华	责任校对：吴书丽
责任编辑：陈剑平	责任印制：陆　弟

出版发行：广西科学技术出版社

社　　址：广西南宁市东葛路 66 号

邮政编码：530023

网　　址：http://www.gxkjs.com

印　　制：广西民族印刷包装集团有限公司

开　　本：889 mm×1240 mm　1/32

印　　张：5.25

字　　数：116 千字

版　　次：2024 年 12 月第 1 版

印　　次：2024 年 12 月第 1 次印刷

书　　号：ISBN 978-7-5551-2336-1

定　　价：32.00 元

在中国辽阔的南方边陲，广西这片被自然与人文双重雕琢的神奇土地，自古以来便是中华民族多元文化的交流、交往和交融之地。它不仅是中华民族多元文化璀璨共融的见证者，更是文化的建设者和传承者。这里，山川秀美，草木葳蕤，河流纵横，众多民族在这里和谐共融、安居乐业，留下的丰厚历史文化遗产，成为中华文明不可或缺的一抹亮丽底色。

在古老而又充满活力的八桂大地上，有无数珍贵的文化遗产。它们或隐藏于幽深的洞穴，或散布于辽阔的田野，或依偎在蜿蜒而过的河边，或深藏于繁华的闹市……这些宝贵的文化遗产，是社会发展轨迹和文明进程的缩影。它们不仅见证了广西悠久而辉煌的历史，而且还蕴含着古人的智慧和精神，是我们根系过去、枝连现在、启迪未来的重要财富，更是我们文化自信的重要来源。

站在新的历史起点上，文化自信被赋予新的时代内涵和历史使命。党的二十大报告指出，要坚守中华文化立场，提炼展示中华文明的精神标识和文化精髓，加快构建中国话语和中国叙事体系，讲好中国故事、传播好中国声音，展现可信、可爱、可敬的中国形象。党的十八大以来，习近平总书记三次深入广西考察调研并发表重要讲话，充分体现了以习近平同志为核心的党中央对广西工作的高度重视和对八桂各族人民的深切关怀。2017年4月19日，习近平总书记在广西考察的第一站，就是合浦县汉代文化博物馆。习近平总书记在考察中指出，中华民族历史悠久，中华文明源远流长，中华文化博大精深，一个博物馆就是一所大学校。要加强文物保护和利用，加强历史研究和传承，使中华优秀传统文化不断发扬光大。广西优秀传统文化是中华文明宝库中的璀璨明珠，深受中华文化的滋养，同时又展现出鲜明的地方特色。广西优越的地理位置赋予了其独特的地位和重要的历史定位。自秦代以来，灵渠、海上丝绸之路的开通，使广西成为"北上中原，南下南洋"的交通要道。广西利用自身的地理位置优势承接了国家对外经济文化交流的重任，同时形成了独具特色的地方传统文化。广泛分布且各呈异彩的不同时代的文化遗产，承载着灿烂文明，成为今天见证历史、服务国家、民族发展大略，服务经济社会发展，凝聚民族团结之力，提升民族自信心的重要载体。

文化自信是一个国家、一个民族发展中最基本、最深沉、最持久的力量。2020年9月28日，习近平总书记在十九届中央政治局第二十三次集体学习时的讲话指出，"考古发现展示了中华文明的灿烂成就。我国考古发现的重大成就充分说明，我国在新石器时代、青铜器时代、铁器时代等各个时代的古代文

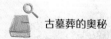

明发展成就上都走在世界前列，我国先民在培育农作物、驯化野生动物、寻医问药、观天文察地理、制造工具、创立文字、发现和发明科技、建设村落、营造都市、建构和治理国家、创造和发展文化艺术等各个领域都取得了令人赞叹的成就。这些重大成就展示了中华民族开拓创新、与时俱进、自强不息的进取精神，是蕴涵着丰富知识、智慧、艺术的无尽宝藏，是坚定文化自信的重要源泉"。广西自古以来便是多元文化共融的热土，其丰富的文化遗产是中华优秀传统文化的重要组成部分。为贯彻落实党的二十大精神和习近平文化思想，实施中华优秀传统文化传承发展工程，传承地方文脉，凝聚思想共识，增强文化自信，广西壮族自治区党委宣传部指导策划，广西出版传媒集团组织广西科学技术出版社编创团队编辑出版"考古广西"丛书。

"考古广西"丛书作为"文化广西""非遗广西""自然广西"等丛书的延续和拓展，被列入广西优秀传统文化出版工程。该丛书共10个分册，以翔实的考古资料和多位考古专家多年的研究成果为基础，全面梳理广西的考古遗存，以通俗易懂的语言和大量宝贵的图片，展示广西从旧石器时代至明清时期的最新考古成果和文化遗存，具体包括史前洞穴遗址、贝丘遗址，秦汉时期的城址，唐宋时期的窑址，世界文化遗产花山岩画，明代的靖江王府与王陵，明清时期的边海防设施，以及各时期的墓葬等。丛书集专业性、科普性、趣味性、可读性于一体，深度融合考古学、历史学、地理学、人类学、民族学、社会学等多学科的内容，高度凝聚考古专家多年的研究成果和心

总序

血，深入解读广西文化遗存蕴藏的厚重历史，生动展现广西考古、广西文物的时代价值，向世界传播广西声音，展现广西文化魅力，让更多人了解和认识广西，进而增强民族自豪感和文化自信。

提升公众保护文化遗产的意识和素养，传承民族的记忆与文化的精髓，不仅是每一位出版人的初心与使命，更是时代赋予我们的神圣职责。"考古广西"丛书不仅是对广西考古工作成果通俗化的全面展示，而且也是向世界递出的一张亮丽名片，让世人的目光聚焦广西，感受这片土地独有的文化韵味与魅力，以此增强广西的文化自信，提升广西在国内外的知名度和影响力，为广西的文化建设和社会发展注入强劲动力。"考古广西"丛书的出版还是深化全民阅读活动、提升公众文化素养的重要举措。它鼓励更多人走进历史，了解文化，感受古人的智慧与汗水，从而在心灵深处产生共鸣与回响，激发全社会对传统文化的兴趣与热爱。通过这一窗口，广西得以向世界讲述中国故事，展现中华文化的博大精深与独特魅力，促进不同文明之间的交流与互鉴。

"考古广西"丛书寻根探源，传承文化精髓。新征程上，我们以书为媒，共赴考古之约，让宝贵的文化遗产在新时代熠熠生辉，助力民族文脉薪火相传，为中华民族伟大复兴贡献文化力量。

丛书主编　林强

2024 年 9 月

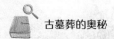

"码"上跟随古老师

探寻历史千古之谜
破译八桂文明密码

轻启
尘封之门

在线音频 揭开古墓奥秘

贰
漫步
千古遗迹

精彩插图 重现昔日辉煌

古老师

叁
寻根
八桂之脉

广西故事 彰显文化底蕴

AI广西考古研究员

广西的墓葬有哪些类型?
给我讲讲岩洞葬的来龙去脉!

目 录

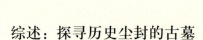

秦汉墓葬

六朝墓葬

隋唐墓葬

宋元明清墓葬 143

后　记 157

扫码获取更多资源

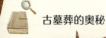

综述：探寻历史尘封的古墓

　　墓是人类用以放置尸体或骨骸的固定设施，葬则是将死者的尸体或骨骸按一定的方式放置在特定的场所。墓与葬合称"墓葬"。在墓葬中，随葬器物不再是冰冷的物品，而是古人丧葬场景的写照，承载着他们的信仰与习俗，每一件器物都闪烁着历史的光辉，讲述着昔日的辉煌与历经的沧桑。

　　广西，这片被绿水青山环抱的土地，拥有丰富多彩、独具魅力的墓葬文化，随着岁月的流转，如同一幅幅生动的历史画卷，缓缓展开在我们面前。从原始社会的朴实无华，到封建社会前期的繁缛讲究，再到后期的简单薄葬，每一个历史阶段的墓葬都烙下了深刻的时代印记。在这片土地上，你可以看到广西先民对自然的敬畏与崇拜，感受到他们对生命的理解与尊重。

　　在考古发掘报告中，墓葬通常以"M"作为编号前缀，如8号墓表示为M8。所表述的"形制"是指墓葬的形状和构造。历史时期的墓葬一般包括地上和地下两部分：地上部分为封土堆和墓上建筑；地下部分为墓室，一些墓室前带有斜坡形的墓道。根据构筑墓室所使用的材料，可将墓室划分为土坑墓、砖室墓、石室墓、木椁墓等多种类型。根据平面布局的不同，可将它们形象地描述为"中"字形、"亚"字形、"凸"字形等。墓葬中用于盛殓人骨的棺椁称为"葬具"，尸体摆放的姿势则称为"葬式"，常见的葬式有仰身直肢葬、侧身屈肢葬，还有史前时期典型的蹲踞葬等。随葬品方面，既有实用器，也有专为随葬而制作的模型明器。这些出土器物往往按照特定的功能有规律地组合成一套用具，如汉墓中常见的鼎盒壶钫、井仓灶、瓮罐等器物组合。墓葬形制和随葬品，是判断墓葬年代、墓主人身份地位及族属的重要依据。在年代判定上，墓葬年代也有"相对年代"和"绝对年代"之分。"相对年代"是指墓葬在时间上的先后关系，如西汉墓分早、中、晚三期；"绝对年代"是指墓葬距今的具体年代，常采用碳 –14 年代测定等自然科学手段进行测定，国际上统一以 1950 年为限，因此在书中表述古墓葬的距今年代时，正确的理解是"距 1950 年有多少年"。

相对于其他地区，广西古墓葬的年代尽管大多稍显"年轻"，但仍能追溯到旧石器时代晚期。时间回溯到 2015—2017 年，当考古学家将探索的目光聚焦于南宁市隆安县的娅怀洞遗址时，一项惊人的发现震动了学界——一座距今超过 16000 年的古老墓葬重见天日。这不仅是一座墓葬的发掘，更是打开了一扇通往远古世界的大门，让我们得以窥见晚更新世早期人类社会的独特风貌。在这座墓葬中，最引人注目的莫过于包括完整头骨在内的人类遗骸。它如同一枚时间胶囊，封存了古人类的进化信息，为研究那个遥远时代的人群多样性提供了极为罕见的实物资料。

目前发现的新石器时代墓葬主要出现在洞穴遗址和贝丘遗址中，其中具代表性的洞穴遗址有桂林的甑皮岩遗址、大岩遗址和柳州的鲤鱼嘴遗址等，而甑皮岩遗址无疑是最重要的一个。想

隆安娅怀洞遗址墓葬与头骨化石（谢光茂供图）

综述：探寻历史尘封的古墓

象一下，距今9000—7000年的甑皮岩洞穴，不仅是原始人类遮风挡雨的家园，还是他们灵魂安息的圣地。在这里，洞穴的"居室"与"墓地"双重功能共存。在甑皮岩遗址的外区，考古学家发现了26具史前骨架。这些骨架多为蹲踞葬，不规则的圆形竖穴墓坑和简单的随葬品，压放在成人身上的石块、覆盖在幼童头部的蚌壳，都透露出当时人们对生死的独特理解。沿着广西的邕江及其支流左江、右江，我们又发现另一种古老的生活痕迹——河旁贝丘遗址。这些遗址主要分布在南宁市区、扶绥、武鸣、横州等，沿邕江及其上游的左江、右江两岸的台地上，又以邕宁、横州最为密集，这两地均有较多的墓葬发现。在这些遗址中，顶蛳山遗址最令人瞩目，第二、第三期堆积中共发掘出149座墓葬，充分展示了当时社会的发展与复杂化进程，并显示聚落已经有了居址与墓葬的功能分区。墓坑通常小而浅，仅能容纳尸首，亦无木棺作为葬具。随葬品大多仅有数件陶器、石器、骨器、蚌器和角器等，在同一墓地中，各墓随葬品的多寡、厚薄往往差别不大。随葬品虽简单，但各具特色，尸体上撒赤铁矿粉的做法，更是揭示了古人对死后世界的想象以及原始宗教信仰的萌芽。特别值得一提的是，顶蛳山遗址第三期遗存中发现的骨质装饰品，不仅展现了古代先民高超的手工技艺，还标志着他们审美意识的觉醒。这些小巧精致的饰品，或许曾佩戴在活跃于那个时代的人们身上，为他们的生活增添几分色彩。

斗转星移，到了先秦时期。这一时期，广西这片土地上孕育着两大古老的族群——西瓯与骆越。西瓯，如同桂江与西江流域的守护者；骆越，则活跃在柳江以西至南宁，乃至越南中北部的

广袤区域。他们悠然自得地繁衍生息，编织着属于各自的历史。与商周中原王朝国力强大、墓葬制度存在严格的阶级和等级差别不同，广西这一时期多以小型墓葬为主，遍布武鸣、恭城、灌阳等地。其中，在南宁市武鸣区马头镇发掘的数百座墓葬是探索骆越古老秘密的宝库，为我们揭开了先秦时期广西的神秘面纱。虽然元龙坡与安等秧的古墓群无墓道，亦无棺椁的踪迹，但是每一座墓葬都承载着先人的故事。长方形的竖穴土坑墓，有的还带有二层台或侧室，显示出不同的葬制特色。随葬品有陶器、铜器、玉器和石器等，它们不仅是日常生活的必需品，还是那个时代工艺制作水平的缩影。尤其是那些圜底陶器，仿佛在诉说着先民们对火的掌控与对土的依恋。在武鸣的岜马山、敢猪山、独山一带，还发现了岩洞葬这一独特的丧葬形式。天然洞穴成了灵魂的安息之所，出土的器物与马头墓群遥相呼应，共同勾勒出骆越族群的独特文化风貌。这些墓葬不仅展示了骆越族群的丧葬习俗，而且揭示了当时社会的阶层分化与专业分工。规模较大的墓葬中，玉器和青铜兵器的出现无疑是权力与地位的象征，而小石子的陪葬，则可能与当时的巫术占卜和原始宗教信仰紧密相连。或许正是这些信仰的力量，镌刻下骆越方国在历史长河中的不朽印记。至于西瓯，这个同样古老的族群，在史籍中留下了顽强抗秦的壮烈篇章。他们能够调动大规模的人力、物力进行战争，无疑背后有一个强大的方国政体在支撑。与中原、楚地以及西南地区的文化交流，也让广西在先秦时期逐渐融入多元一体的中华文明大家庭。无论是龙中岩洞葬中青铜鼎、青铜牺尊等器物所具有的鲜明的中原和楚地风格，还是感驮岩遗址中牙璋所展现的中原文

综述：探寻历史尘封的古墓

化因素，都证明了广西在先秦时期与其他地区存在广泛的文化交流与融合。

秦的统一，开创了一个崭新的时代，标志着一个以郡县制为基础、多民族统一的中央集权国家的诞生。灵渠，作为世界上最古老的运河之一，至今保存完好，而秦城考古的持续深入，更为那些特征不明的秦墓提供了宝贵的寻找线索。

汉承秦制，铸就了中国历史的第一个发展高峰，此时广西地区正式融入汉文化体系，迈入一个全新的发展阶段。广西汉墓考古开展最早，取得的成果也最丰硕。据不完全统计，1954年以来广西发掘的汉墓已超过 2000 座，主要集中在合浦、贵港和梧州这三个古代郡治今所在地，出土文物数万件。这些遗存不仅生动复原了岭南汉代社会的风貌，还为研究民族间的交流与融合，以及汉代中外海上交往提供了有力的实物证据。汉朝初期，社会风气中弥漫着浓厚的"孝"文化气息，倡导"以孝治天下"。这种理念深刻影响了人们的生死观念，从而催生了"厚葬"习俗。那时的人们相信，死亡只是生命的另一种延续，因此他们不仅会将逝者生前所爱之物随葬，还会陪葬精心制作的各种微缩模型，如井、仓、灶，乃至出行所需的车船等，希望逝者在另一个世界也能如同生前一般享受生活。这些随葬品，如今成为我们管窥汉代社会生活的窗口，静静地诉说着那个时代人们的衣食住行点滴。随着中原汉人大量迁入广西，强大的汉文化迅速席卷这片土地，成为当地文化的主流。然而，广西并未完全摒弃自身的文化根基，在与中原的文化交融中，巧妙地保留了部分本地越人的传统习俗，同时，还吸收了来自楚、

古墓葬的奥秘

吴越、南越、巴蜀等地的文化因素，形成了独具特色的文化面貌。汉墓中发现的多样文化因素，既展现了文化的统一性，又凸显了地域的独特性，生动诠释了中华文明多元一体的格局。尤其是北部湾地区因其得天独厚的地理位置，成为汉代对外开放的桥头堡。汉武帝平定岭南后，开通了海上丝绸之路。这是一条连接中国与外部世界的黄金水道，从合浦郡的徐闻、合浦两港出发，跨越茫茫大海，通往今印度、斯里兰卡等地。这条航线的开辟，不仅促进了商品的流通，还搭建了文化交流与科技传播的桥梁。黄金、丝织品等中国商品远销海外，珍珠、玻璃器皿等奇珍异宝沿着这条路线输入我国，丰富了人们的物质生活和精神世界。在广西汉墓中，我们不难发现许多与海上丝绸之路相关的文物，它们见证了那段辉煌的历史，也向我们展示了汉代中国与外部世界的紧密联系。胡人、羽人、有翼神兽等形象，反映了汉代中国与域外文化的交融；三宝佩、摩羯佩等佛教文物的出现，则显示了佛教通过海上丝绸之路传入中国的早期踪迹。此外，采珠业的兴起，以及玻璃制作和宝石加工等技术的传播，也体现了海上丝绸之路在促进技术交流方面的巨大作用。这些珍贵的文化遗存，不仅是历史的见证者，还是文化的传承者，它们跨越时空，连接古代与现代、中国与世界。通过它们，我们深刻感受到汉代海上丝绸之路的深远影响，以及共建"一带一路"所蕴含的深厚历史文化底蕴。今天，它们成了促进共建"一带一路"沿线国家民心相通、文化交流的重要桥梁，展现了跨国界、跨文明的"突出普遍价值"，也为海上丝绸之路申报世界文化遗产提供了宝贵的实证资料。

综述：探寻历史尘封的古墓

黄泥岗一号墓出土的绿柱石混合串饰

六朝时期政权更迭频繁，战火连天。然而，在这纷扰之中，岭南之地因地处边陲相对安宁，成了避难安身之所。人口的南迁，不仅为广西这片土地带来了勃勃生机，更如同春风化雨般，滋润了这片土地的经济与文化，促进了南北文化的交流与融合。那些从北方远道而来的先民们，带着对和平生活的渴望，携家带口，越过千山万水，最终在这片温暖的土地上找到了新的家园，让广袤的田野焕发出新的活力，为后人留下了一座座充满故事与秘密的古墓。走进这些六朝时期古墓，仿佛回到了那个风起云涌的时代。与东汉时期相比，这里的墓葬发生了很大变化。大中型的多室墓逐渐稀少，取而代之的是简洁明快的单室墓或双室墓。这些墓葬的形制和随葬品，映射出当时社会的等级制度，揭示了南北文化的差异与融合。在合浦、贺州、桂林等地，考古学家发现了不少六朝时期的墓葬。这些墓葬形式多样，各具特色，既有砖室墓、石室墓，也有土坑墓，共同构成六朝时期广西墓葬的丰富图景。随葬品中，以日用陶器为主，这些陶器普遍施釉，制作精美，展现出当时精湛的制陶技艺。瓷器烧制的逐渐成熟，标志着制瓷工艺在这一时期取得了显著进步。特别值得一提的是，六朝时期的墓葬中还出现了许多具有宗教因素的器物，反映了当时道教与佛教的盛行，成为佛道共存的历史见证。比如，与道教信仰相关的买地券，在墓葬中频繁出现；莲花、忍冬纹等佛教因素的流行，则让我们感受到了当时佛教文化对社会生活的深刻影响。

广西发现的隋唐时期墓葬不多，公开发表的更是少数，主要分布在桂北、桂东、桂东南、桂南地区，在广大的桂西地区迄今尚未发现。隋唐时期的墓葬，延续六朝时期的部分特征，多以砖室墓为主，墓底常以"人"字形铺设地砖并带有壁龛，也有不少土坑墓；随葬品的数量普遍不多，反映出薄葬风气在当时已成为主流。

广西仅发现零星宋墓以及不少的明清时期小型墓，但不见元代墓葬。明代墓葬的重要发现，除了桂林靖江王陵，还有1966年发掘的位于宁明县明江镇的思明府土知府黄承祖与其妻合葬墓，该墓出土一批工艺复杂、造型别致、种类丰富的金饰品。元明清时期的土司制度，是中央政权管理少数民族边疆地区的一种统治政策，其渊源可追溯至唐代的羁縻制度。土司作为辖区内最高的地方长官，积累了丰厚的财富，其墓葬中出土的大量精美随葬品便是明代土司奢华生活的有力证明。

综述：探寻历史尘封的古墓

岁月悠悠，长河滚滚，一座座墓葬将古老的故事娓娓道来。这些墓葬不仅是黄土下的静默守望者，更是连接过去与未来的神秘桥梁，它们以无声的语言，向世人展示着远古先民对于彼岸世界的无尽遐想与敬畏之心。让我们携手踏上这场穿越时空的考古之旅，跟随那些以手铲为笔、以大地为纸的考古工作者，去揭开广西古墓葬隐藏的奥秘吧！

扫码获取更多资源

史前墓葬

百色旧石器的发现，有力地证明了早在约 80 万年前，史前人类就已经在广西这片广袤的土地上繁衍生息，谱写源远流长的史前文化篇章。广西地区迄今发现年代最早的一座古墓葬，在隆安县娅怀洞遗址，为旧石器时代晚期墓葬。至新石器时代，在洞穴遗址和内河沿岸的贝丘遗址发现了大量墓葬，具代表性的是甑皮岩遗址和顶蛳山遗址。甑皮岩遗址多为蹲踞葬，有的覆压石块和蚌壳，在尸体上或四周撒赤铁矿粉，这些都是原始人相信"灵魂不灭"的思想缩影。在顶蛳山遗址发现了多种姿态的屈肢葬，而新出现的肢解葬，实为原始人的一种献祭，且他们相信石头有灵，在墓穴内和墓口摆放或叠压石块，这也是史前灵魂观的体现。

甑皮岩遗址：居、葬合一

◆▶◀◆

　　甑皮岩遗址位于桂林市南郊的独山西南麓，因山体形似当地的一种蒸锅盖，方言称之为"甑皮岩"；另有一种说法，认为该山洞的外形就像甑子糕被切为四分之一的形状，遂以此命名。1965 年文物普查时首次发现了这一遗址，考古人员随即进行了

甑皮岩遗址远景（谢光茂供图）

小规模的试掘。1973—1975 年，考古人员又对其进行了约 80 平方米的深入发掘，出土了一批史前时代的遗物。由于地下水上涨、洞顶渗漏滴水和潮湿引起霉变，时刻危害着洞内的文化堆积，因此在 2001 年 4—8 月，中国社会科学院考古研究所会同广西壮族自治区文物工作队（今广西文物保护与考古研究所）等单位再次对该遗址进行了科学发掘，让我们得以更加深入地了解这片古老土地上的生活画卷。

发掘成果表明，甑皮岩人的生计方式为采集渔猎经济。考古人员从出土遗物中发现了包括贝类、螃蟹、鱼类、爬行类、鸟类、哺乳动物等多达 108 种动物遗骸，这些都曾是甑皮岩人的肉食来源。我们还可以推测，甑皮岩人居住地不远处的水域里盛产田螺，人们食用后形成了大量的螺壳堆积，这些螺壳大

多被敲去了壳顶，说明当时的人们已经知道敲去壳顶更容易吸食螺肉，这与我们今天"嘬螺"的方法如出一辙。遗物中还发现有炭化的块根茎类植物遗存和豆类植物孢粉，表明植物的块根茎、种子、果实等也是甑皮岩人的食物来源之一。第一期文化遗存中出土了一件距今约 12000 年的"陶雏器"，复原后为一件陶釜，其烧成温度不足 250℃。这件陶釜的出现，揭示了人类从烧烤食物向烧煮食物发展的过程，是史前甑皮岩人智慧的体现。

 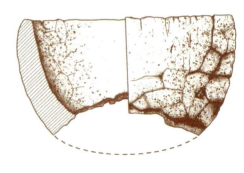

陶雏器残片及复原图

甑皮岩人生活在洞穴中，死后就地安葬，墓葬大多分布于主洞右侧靠近洞口处。这些洞穴既是他们的居住地，也是埋葬场所，两者之间仅作适当分隔，具有居、葬同穴的特点，考古学家称之为"居室葬"。为什么要将遗体葬在所居住的洞穴内呢？民族学资料表明这是因为生人爱惜死者，不愿他们的遗骸遭受野兽的啃食，或认为这种埋葬方式对家人有益，可以使生人得到亡灵的保佑。

甑皮岩遗址史前墓葬分布在所有 7 个发掘区中的 B、D 两区。经过 3 次清理和发掘，共发现史前人类骨架 31 具。其中，1965 年发现的 5 具人骨资料已在"文化大革命"中遗失；1973—1975 年发现 18 具，在之后的整理中被认定为 23 个个体；2001 年发现 3 具，分布于主洞右侧靠近洞口处。经鉴定的 20 具骨架，有 1 岁左右的幼儿；年龄大的达 40～45 岁，以当时人类的寿命来看已属高龄。由于前两次发现的墓葬无详细地层信息，因此出土地点明确、层位清晰的墓葬只有 4 座，属第四期、第五期文化遗存的各 2 座。根据碳 –14 年代测定结果，第四期文化遗存年代为距今 9000—8000 年，第五期年代为距今 8000—7000 年。

编号 BT2M2（B 代表发掘区，T 代表探方）头骨和 DT2M3 盆骨上发现有赤铁矿粉，DT3M1 人骨附近出土 2 件蚌刀。2001 年新发掘的 3 座以及 1973 年已部分发掘的 1 座，均为蹲踞葬，有明显的墓坑，为不规则圆形竖穴土坑，无随葬品，成人身上放置大小不等的自然石块，幼童头部覆盖蚌壳。

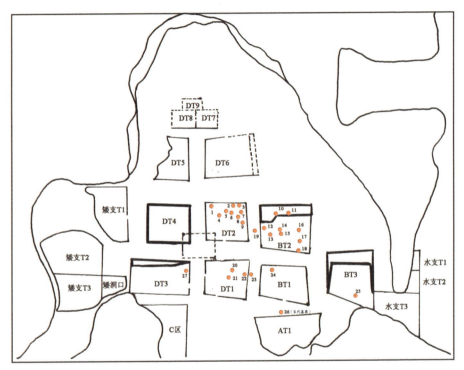

甑皮岩遗址墓葬分布示意图（红点为墓葬）

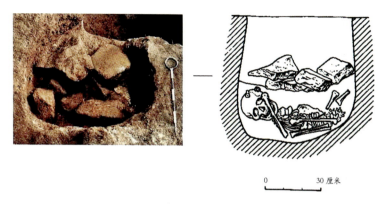

0　　　　　30 厘米

BT2M8 上层叠压的石块及墓葬剖面图

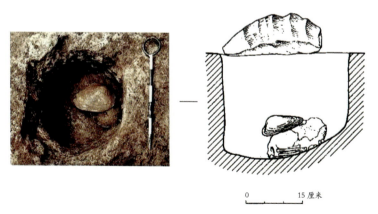

0　　　　　15 厘米

BT2M9 覆盖的蚌壳及墓葬剖面图

史前墓葬

◆ 因何蹲踞葬

在 26 座史前墓葬中，除去 7 座不能判断葬式和 1 座侧身屈肢葬外，蹲踞葬就有 18 座。

蹲踞葬，又称屈肢蹲葬，是屈肢葬的一种，流行于广西地区新石器时代。一般表现为死者呈蹲坐姿势，双手蜷缩，股骨、胫骨紧贴，臀部不着地。另一种为卧式屈肢葬，有仰卧、侧卧、俯卧的区别。

考古学家对屈肢葬所传递的内涵，主要有四种看法：一是认为将尸体呈屈肢的方式下葬，可节省墓地空间，也可节约下葬所耗费的人力；二是认为屈肢下葬的姿势是模仿生人熟睡时的姿态；三是认为这种屈肢的姿势源自人类对鬼祟的恐惧，应是当时的人们用绳索捆缚尸体后再埋葬，并覆压大石块或蚌壳，以阻止死者灵魂危害生人；四是认为让尸体屈肢是模仿胎儿在母体中的自然姿态，象征着人死后可以回归母体，实现某种意义上的"重生"。而专就蹲踞葬，还有一种说法：广西地处岭南，气候炎热潮湿，人们生活中常受虫蛇瘴雾侵扰，因此养成了"坐皆蹲踞"的生活习惯，以避免受到地面湿气和虫蛇的侵害，死后仍然使用同样的姿态来安葬死者，便是广西地区多见屈肢蹲葬的原因。不管蹲踞葬是否为生活习惯使然，可以肯定的是，屈肢葬的葬俗源于史前"灵魂不灭"的观念。我国南方民族地区至今仍流传着与屈肢葬相关的风俗。广西天峨和隆林地区的壮族下葬时，将死者捆绑在座椅上，抬至墓地下葬；云南纳西族将死者捆绑成蹲坐姿态安置在火塘旁，再装进白布袋送葬，独龙族仿照面朝火塘睡眠的侧身屈肢姿态安葬死者。

总之，新石器时代屈肢葬的葬俗与原始社会的灵魂观念息息相关。在原始社会，人们相信死后仍有灵魂，将死者身体绑缚并覆压石块，以免死者灵魂出逃作祟，或以屈肢的姿势求获重生，皆是源自对灵魂的敬畏，也是原始社会生产力低下的缩影。

◆ 骨骸上的红色粉末

在考古发掘中，还发现了在骨骸上撒红色粉末的习俗。经鉴定这些红色粉末为赤铁矿。在甑皮岩遗址 BT2M2 的头骨和 DT2M3 的盆骨上，就有撒赤铁矿粉末的痕迹，其后新石器时代中晚期的邕宁长塘、横州西津等贝丘遗址也有发现。由于赤铁矿石较难采集，且需要耗费时间与人力研磨加工成粉末，在原始社会属于稀缺资源，故仅在少数墓葬中发现，说明墓主身份特殊，很有可能为部落氏族首领或具有一定身份地位的人。

撒赤铁矿粉末的习俗在旧石器时代的北京山顶洞人骨化石上早有发现，远在欧洲的尼安德特人也有类似习俗。赤铁矿粉末可能象征着血液，人死血枯，将其撒在尸体上及周围，是希望死者在另外的世界中复活，说明当时出现了原始宗教信仰。

◆ 头骨伤痕的谜团

在考古过程中，还发现了头骨上的伤痕。试掘发现的人骨中包含 14 个人头骨，其中有 6 个头颅处有穿孔的现象。经过仔细观察，发现发生创伤的位置并不固定，有的在前额，有的在颅顶，有的在脑后，打击的方向和力度也不相同，无规律可循。

史前墓葬

后来傅宪国等学者经过研究，认为这些创伤并不是史前开颅术的证据，也不是由梅毒或麻风病病毒侵蚀形成的，极大可能源于战争械斗等人为因素，也可能是在洞内居住期间被落石意外砸伤，或是埋葬后在地层内受挤压所造成的。

揭开头骨伤痕的谜团，或许不如想象中神秘，但这正是现代考古学的魅力所在：用科学手段作出合理的推断，点滴复原史前人类的真实生活场景。

小贴士

广西地区发现的史前墓葬，绝大多数属距今1万余年至4000年的新石器时代。这一时期的遗址有洞穴遗址、台地和山坡遗址、贝丘遗址三种类型。其中，洞穴遗址主要有桂林甑皮岩遗址、大岩遗址、轿子岩遗址和柳州白莲洞遗址、鲤鱼嘴遗址等；台地和山坡遗址主要有百色革新桥遗址、隆安大龙潭遗址等；贝丘遗址有滨海的东兴亚菩山遗址和杯较山遗址，内河沿岸的南宁顶蛳山遗址、灰窑田遗址、豹子头遗址等。洞穴遗址和内河沿岸贝丘遗址的埋藏环境特殊，墓葬得以保存，经过漫长的岁月洗礼，时至今日，遗址被考古工作者层层发掘，揭开史前人类埋葬的奥秘。甑皮岩遗址和顶蛳山遗址最具代表性。

顶蛳山遗址：螺蛳壳堆中的遗骸

◆ ▶◀ ◆

 遥远的广西地区新石器时代，展现了一幅独特的生存画卷。那时的原始人类，主要依靠捕捞螺蛳、蚌类、鱼类和打猎来维持生计。最晚至距今约6000年，顶蛳山遗址出现了驯化水稻，到了距今约4000年的资源县晓锦遗址驯化水稻更为清晰可见。

骨鱼钩
（扶绥江西岸遗址）

石网坠
（横州西津遗址）

三棱形石镞
（全州卢家桥遗址）

渔猎工具

史前墓葬

资源县晓锦遗址出土的炭化稻

不过，水生动物还是当时原始人类的主要食物来源。他们食用螺蛳、蚌类后将壳丢弃，日积月累，便堆积起一座座小山般的"贝丘"，遗址由此得名"贝丘遗址"。贝丘遗址以各种水生动物的遗骸为主要堆积，并包含大量的陆生动物遗骸。

广西地区的贝丘遗址可分为河旁台地贝丘遗址、滨海贝丘遗址两种类型。有些洞穴遗址也可见一定数量的螺蛳壳堆积。河旁台地贝丘遗址分布在河流转弯处，或在支流汇入主流而形成的三角洲上，主要分布在南宁市区、扶绥、武鸣、横州等，沿邕江及其上游的左江、右江两岸的台地上，又以邕宁、横州最为密集、数量最多，是"广西贝丘文化的中心区域"。这个区域的遗址地层堆积厚度一般都在 1 米以上，最厚的达 3 米。在邕宁顶蛳山和长塘、扶绥敢造、横州秋江和西津等遗址中发现超过 430 座墓葬。滨海贝丘遗址出土的典型石器是一种用于加工牡蛎、螺等软体动物的蚝蛎啄，但没有墓葬发现。

东兴杯较山遗址出土的蚝砺啄

　　顶蛳山遗址，是河旁台地贝丘类型的代表性遗址。早在万年前甚至更久远的时期，邕江支流八尺江与清水泉在此交汇，所形成的三角嘴南端地势平坦开阔，流水潺潺，螺蚌满溪，为顶蛳山人提供了适宜的居住地和富足的食物来源。近万年以来，顶蛳山的河旁台地历经无数次流水侵蚀，得益于大自然的眷顾，层层叠叠埋藏的螺壳堆积一直在等待着重见天日的一刻。1996年的某一天，一台隆隆作响的推土机扰动了这些沉睡的地下秘密，人们在挖出的土堆中发现了石器、陶器和蚌器等远古遗物。时值中国社会科学院考古研究所专家在广西考察，他们旋即赶到现场，让有关部门停止施工，遗址这才得以幸存，通过考古发掘，将顶蛳山人叩开文明之门的故事娓娓道来。

　　1997—1999年，考古人员对该遗址进行了3次发掘，出土陶器、石器、骨器、蚌器及水陆生动物遗骸。文化遗存分为四期，第一期年代为距今10000年左右，第二、第三期年代为距今8000—7000年，第四期年代为距今6000年左右。在遗址中发现了大量墓葬，其中第二期发现16座，葬式包括仰身屈肢

史前墓葬

葬、侧身屈肢葬、俯身屈肢葬和蹲踞葬；第三期发现 133 座，
葬式基本与第二期的相同，出现了肢解葬。墓葬均为竖穴土坑，
部分随葬有石器、蚌器及零星陶片，多数存在墓坑积石的现象。

◆ 墓葬区的规划

考古发现顶蛳山遗址的布局呈现较明显的功能分区，即居
住区、墓葬区、生活垃圾堆放区。墓葬较为集中，位于遗址中

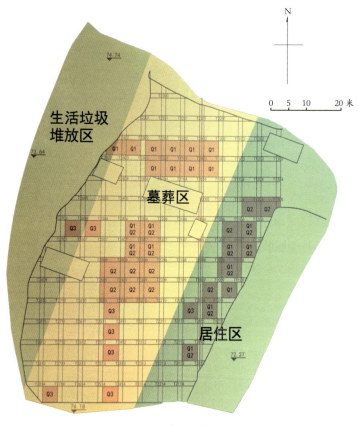

顶蛳山遗址功能分区

古墓葬的奥秘

部，呈东北—西南方向带状分布；在东北处发现了一批排列规则的柱洞，判断为搭建干栏式建筑时遗留下来的痕迹，说明此处为居住区；西侧发现大量的生活垃圾，有人类食用后遗弃的螺壳、蚌壳等水陆生动物遗骸，表明此处是聚落的垃圾区。

值得关注的是，墓葬区与居住区位置适当分离，这样的特征在长塘遗址、秋江遗址、灰窑田遗址、何村遗址等亦有发现。与甑皮岩遗址居室葬不一样的是，贝丘遗址的聚落功能已经有规划和分区，很有可能出现了氏族内的公共墓地。

顶蛳山遗址所发现的墓葬属于遗址文化遗存的第二、第三期，两期的面貌整体一致，地层堆积含大量的螺壳、蚌壳等动物遗骸。顶蛳山人采集水中的螺类、蚌类等作为食物，并随手丢弃食用后的螺壳、蚌壳及鱼骨等，久而久之，这一时期的土壤中便堆积了大量废弃的螺壳、蚌壳。螺壳、蚌壳混入墓葬填土中，其包含的碳酸钙成分很好地保护了人体骨骼不受酸性土壤的侵蚀，这也正是现今贝丘遗址中墓葬大多保存得相对完好的原因。顶蛳山遗址墓葬的葬式多样，除了蹲踞葬、侧身屈肢葬，还有仰身屈肢葬、俯身屈肢葬、肢解葬。

◆ 顶蛳山文化

"考古学文化"与我们常说的"文化"不同。"考古学文化"是指代表同一时代，分布于共同地区，并具有共同特征的一群遗存。考古学文化命名最常见的做法是以首次发现的典型遗址所在小地名来命名。顶蛳山遗址第二、第三期的文化面貌总体基本一致，都出土了圜底釜，饰有篮纹和绳纹，生业方式以采

史前墓葬

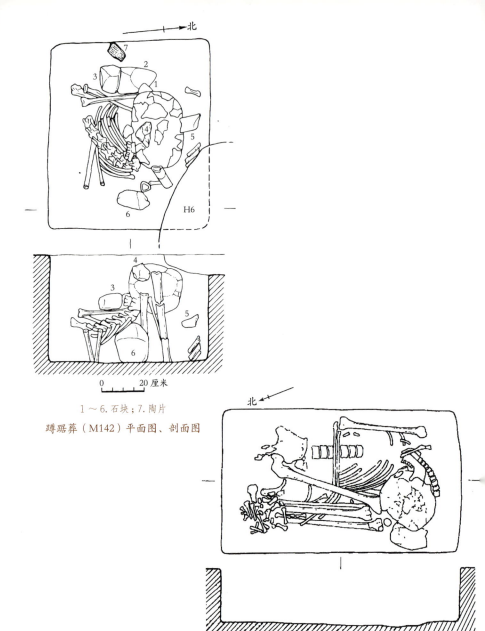

北

7

2

3

1

4

5

H6

6

北

4

3

5

6

0   20 厘米

1 ~ 6. 石块；7. 陶片

蹲踞葬（M142）平面图、剖面图

0   20 厘米

侧身屈肢葬（M83）平面图、剖面图

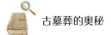

古墓葬的奥秘

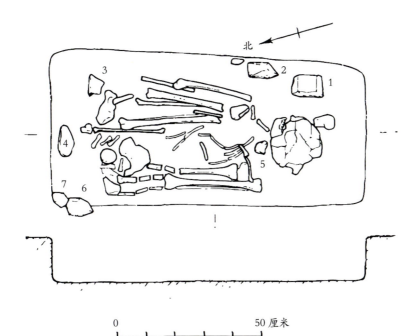

1、2、4、6、7.石块；3.蚌器；5.石器

仰身屈肢葬（M16）平面图、剖面图

0　　　　　　　　50 厘米

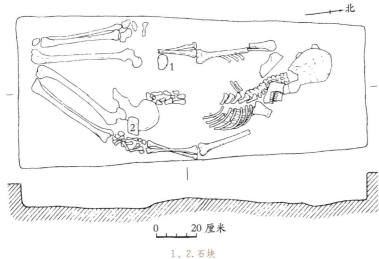

1、2.石块

俯身屈肢葬（M19）平面图、剖面图

0　　20 厘米

史前墓葬

集渔猎为主。出土遗物中包括大量蚌器，集中分布于以南宁地区为中心的扶绥、武鸣以东，横州以西的左江、右江、邕江及其支流附近地区，如豹子头遗址、西津遗址等。根据考古学文化命名原则，考古学家将以顶蛳山遗址第二、第三期文化遗存为代表的一类考古学文化命名为"顶蛳山文化"，这是广西地区第一个命名的考古学文化。

◆ 原始人的献祭——肢解葬

顶蛳山遗址第三期延续第二期的发现，有多种形式的屈肢葬，新出现了肢解葬。如 M117、M107，均为长方形竖穴土坑墓。其中，M117，自颈部、腰部及膝部将人体斩为四段，头颅置于墓坑左侧，上躯干倒扣在墓中间，左右胫骨、腓骨及脚掌部置于墓坑右侧，双上肢分别割下置于躯干下侧；墓中放置不规则石头 13 块。M107，墓主头向北、面向东，被腰斩，上躯干平置于墓坑中部偏右，略呈东北—西南向；右上肢上屈，尺骨、桡骨压在头上，左上肢回屈，手在左肩部；下半身被反转，盆骨及相连椎骨朝向西北角，下肢被摆放成三角形；经鉴定墓主为一名男性，年龄在 40 ～ 45 岁之间。

为什么会出现肢解葬？有学者认为，肢解葬是屈肢葬的一种特殊类型，因战争或械斗而死亡的人类，尸体被运回部落时，尸身已僵直，无法自然屈肢埋葬，人们只能将其肢解，再摆放成屈肢姿态；也有说法认为肢解葬的墓主为非正常死亡，或源自古越人"食人葬骨"的习俗，或与某种祭祀仪式相关，不一而足。人类学家容观夐结合民族学资料的研究观点值得关注，

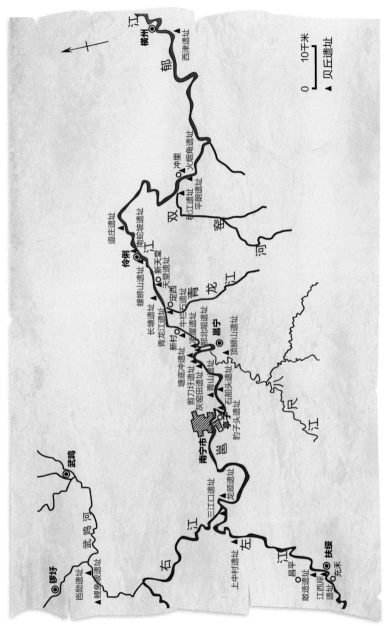

顶蛳山文化遗址分布示意图

史前墓葬

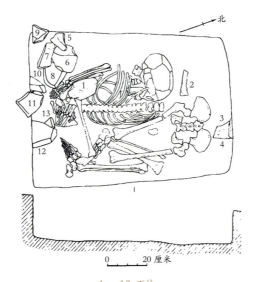

1～13.石块

肢解葬（M117）平面图、剖面图

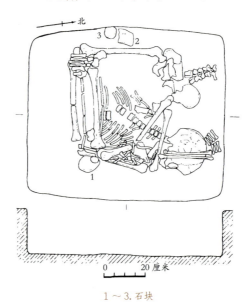

1～3.石块

肢解葬（M107）平面图、剖面图

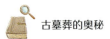

他指出在现今云南、广西、贵州等民族地区仍存在"割体葬仪"的习俗，甘肃、黑龙江等新石器时代的墓葬中也发现有这种"自我伤残"的现象，出土人骨架中缺失腿骨、指骨或趾骨，有的则随葬趾骨或指骨。这种伤残肌体的形式实为一种献祭，出于对死亡的畏惧和对生命的敬重，希图感动超自然力的神灵，消弭死亡带来的恐惧。

同样的葬俗，在同属顶蛳山文化的秋江遗址、凌屋遗址中也有发现。可见，屈肢葬和肢解葬，是同一考古学文化中共存的埋葬习俗。屈肢葬最早出现在桂林大岩遗址第二期和轿子岩遗址，年代为距今15000—12000年，在顶蛳山文化的发现，很有可能是桂北古人类往南扩张和迁徙的结果。新石器时代中期，广西出现肢解葬、直肢葬等葬式；至新石器时代晚期，卧式屈肢葬逐渐占主流，其他葬式逐渐减少，但仍有少量发现。不管如何解析这种葬俗，可以肯定的是，它是先民探索生死奥秘时所获得的最初感悟，使我们得以窥见史前人类的灵魂观。

◆ 石头有灵？

顶蛳山遗址发现的墓葬中随葬品不多，少数墓随葬1～2件石器、陶器、骨器或蚌器，但墓坑普遍存在"积石压石"的特殊现象，一些覆压在人骨骼上，也有的放置在墓坑口，或放置在人骨身侧或身下。如M16有天然石头5块，分布在人骨四周及墓口；M23有石头10块，分布于人骨一侧；M35人骨架的手腕部及左下肢各压一石块；M142的骨架上及四周放置石头6块；M117放置不规则石头13块，1块压在人骨上，其余放置

史前墓葬

在人骨的两侧。

　　"积石压石"在甑皮岩遗址中已有发现，可能与原始人"灵魂不灭"的思想有关，因为石器是原始社会重要的生产工具，人们认为石头具有灵性，能达到辟邪的效果。这种习俗在先秦墓葬中得到延续，直至汉墓中还可以见到，是岭南地区的一种独特葬俗。

扫码获取更多资源

先秦墓葬

　　先秦是指秦朝建立之前的历史时期，相当于通常所说的夏、商、周三个朝代。这一时期在广西地区主要活跃着百越族群中的西瓯、骆越两支。西瓯分布在今桂江与西江流域一带；骆越则居住在柳江以西地区，范围自南宁延伸至越南中北部地区。武鸣马头墓群及周边的岩洞葬，均属于骆越方国的疆域，反映了当时有大量使用圜底器、烘烤墓穴、墓底积石、碎物葬等葬俗。而位于广西西南边陲的感驮岩遗址和东部的龙中岩洞葬，出土的牺尊、骨牙璋等器物，寓示着当时的广西地区与中原、周边地区的交往交流在不断推进，并逐渐融入中华文明多元一体的历史进程。

武鸣马头墓群：骆越的葬俗

◆▶◀◆

历年来，在广西地区发现的先秦墓葬主要在桂林、贺州、梧州、南宁等市，从地望来看，大体属于西瓯和骆越的分布区域，数量超过 500 座。考古发掘除了出土具有本地特色的器物，还出土了不少具有汉、楚、滇等文化因素的器物。广西先秦文化的蔚然大观，还要从骆越族群的墓葬中开始揭秘。

马头墓群中的元龙坡墓群和安等秧墓群，位于南宁市武鸣区马头镇、大明山西麓狭长谷地的东南端，相距不足千米。1974 年的一次偶然发现，揭开了马头墓群发掘的序幕。时值春节，几名社员在元龙坡西北约 2000 米处的勉岭意外掘出青铜卣、青铜戈各一件，但由于当时的出土现场已被破坏，无法判断这些器物是来自墓葬还是窖藏。不过专家倾向于它们出自墓葬，这一推断在 10 多年后得到了证实。

1985 年 3 月，村民韦汉义来到元龙坡放牛，在山坡顶一处采石坑的上壁挖蛇时，发现了一件"古物"。9 月，韦汉义的侄子韦永新向广西壮族自治区博物馆写信咨询，信件辗转送到南宁市文物管理委员会办公室，旋即这件文物被送到了南宁市。

经专家鉴定，这是一件西周晚期的青铜盘。这一发现立即引起了考古人员高度关注，并展开了多次调查。同年 10 月，在距离元龙坡不远的安等秧，考古人员惊喜地发现了铜剑以及墓葬痕迹。此后经过复查，还发现了铜矛、石玦以及部分残存的墓坑。于是考古队对安等秧墓群进行了抢救性发掘，仅用 13 天就清理墓葬 86 座。随后，从 11 月至翌年 3 月，又对元龙坡墓群进行了发掘，清理墓葬 350 座。

元龙坡墓群发掘现场（王梦祥供图）

先秦墓葬

有趣的是，在元龙坡墓群与安等秧墓群的发掘过程中，考古人员既不需进行勘探，也没有采用常规的探方发掘方法。这是因为这两处墓群的墓葬填土经过层层夯打，质地较周围的自然土壤更结实坚硬。加之山坡上水土流失严重，观察到的多数墓葬的开口已裸露并且凸出地面，有的甚至还可见到随葬器物，不需要布设探方便能准确地清理发掘。

　　元龙坡墓群的 350 座墓葬形制均为竖穴土坑墓，可分为无二层台、带二层台、带侧室三类。二层台是竖穴土坑墓中在墓壁预留或夯筑的台阶，带二层台的墓葬又有四周二层台、两端二层台、一侧二层台之分。墓坑主要为狭长形，没有墓道，尸

元 M258 墓室（无二层台）　　　　　　元 M318 墓室（两端二层台）

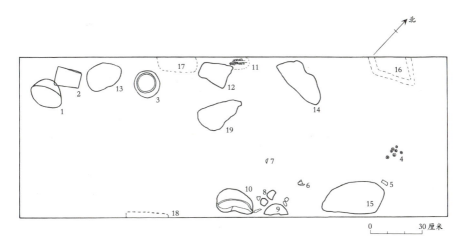

北

0   30厘米

1、9.陶钵；2.石范；3.陶罐；4.玉玦、玉管；5.铜镦；6.铜块；7.铜刀；8.砺石（6件）；
10.陶釜；11.铜片与漆痕；12～15、19.石块；16～18.漆痕

元 M258 平面图（无二层台）

北

0   40厘米

1、5.玉镯；2.玉饰（25件）；3.铜钺；4.玉饰（22件）；6、8.陶釜；7、12、13.陶片；
9～11.陶罐

元 M318 平面图（两端二层台）

先秦墓葬

元 M316 墓室填土中的大石块（四周二层台）

骸都已腐朽，葬式亦无法判断，未发现有棺、椁等葬具的痕迹。不过，一些墓底的石块摆放有序，可能暗示尸骸原本安放的位置。专家判断墓葬年代上限为西周，下限至春秋时期（公元前1046—公元前476年）。

　　元龙坡墓群出土器物丰富多样，主要有陶、铜、玉、石等质地的生活用具、生产工具、兵器、佩饰等，部分墓底还有漆器残朽的痕迹。凡是规模较大的墓葬几乎都有积石，清理的墓葬中有16座在填土、二层台或墓底放置许多大石块。此外，考古人员还发现了明显的用火痕迹。元龙坡有25座墓经过烘烤，

有的烘烤墓底，有的烘烤坑壁，还有的烘烤填土或二层台，经烘烤的部位遗留下一层薄薄的炭屑层和灰白色的烧土层。这种葬俗有驱邪避祟的目的，或许也与南方地区常年潮湿的气候有关，人们烘烤墓穴以达到防潮的效果。

安等秧墓群年代稍晚，为战国时期（公元前475—公元前221年）。墓坑最大的为安M45，墓室长2.50米、宽0.80米、深0.55米。与元龙坡墓群一样，由于埋藏环境皆为酸性土壤，腐蚀性强，葬具和人骨无法保存下来，因此葬式不明。

在安等秧墓群，还发现了一批不明用途的土坑。除K4（K表示土坑）位于墓群中部外，在墓群东南边缘还发现了大小不一的

元M61 填土烧痕

元M151 二层台炭屑

元龙坡墓群烘烤痕迹

先秦墓葬

土坑 11 个。这些坑的填土坚硬,有 9 个空置,未发现任何遗物,只在 K1、K2、K3 这 3 个坑内发现石块,其中 K1 内有 13 块长条形页岩。这些土坑用途不详,究竟是空置的墓穴,还是用于祭祀,有待今后的考古工作来揭秘。

安 M45 墓室(王梦祥供图)

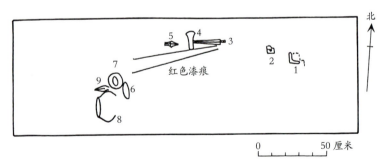

1、4.铜斧;2.玉玦;3.铜剑;5.铜刮刀;6.陶钵;7、8.陶罐;9.铜矛

安 M45 平面图

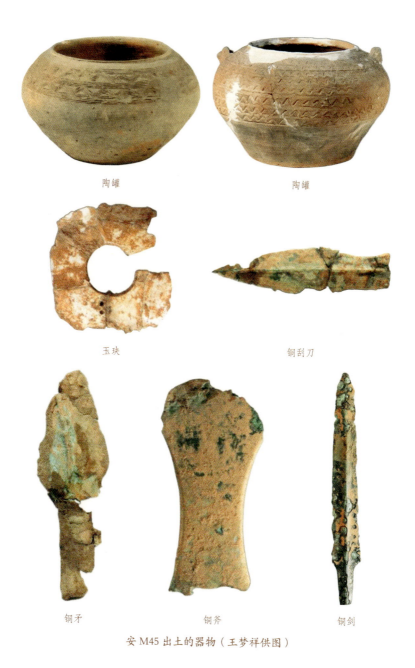

陶罐 陶罐

玉玦 铜刮刀

铜矛 铜斧 铜剑

安 M45 出土的器物（王梦祥供图）

先秦墓葬

K1 底部积石

◆ 灵魂的碎片——碎物葬

我们在马头墓群观察到烘烤墓穴、大量使用圜底器随葬、碎物葬等骆越人的葬俗；元 M101 和元 M210 共出土 3 件扁薄长方形的铜针，是骆越人文身的工具，印证了史籍"被发文身，错臂左衽，瓯越之民也"（《战国策·赵策》）的记载。而元龙坡与安等秧多数墓穴为东向，仿佛暗示着他们对东方的向往。所随葬的经过打磨修整的小石子，可能是骆越人占卜的实物证据。在周边的岩洞葬中，也能发现使用圜底器、占卜小石子等与马头墓群相似的随葬特征。

古墓葬的奥秘

在元龙坡墓群中，绝大多数墓葬有碎物随葬，最多的是陶器碎片，也有铜器、玉器和石器碎片。这些碎片往往散落在填土中或墓底，但不一定能拼合成一件完整的器物。如元 M306，在墓的西端底部发现 4 块来自同一件陶钵腹部的残片，但不见口沿和底部，有可能是埋藏时就已残缺或被有意遗弃在墓外；在元 M270 东端发现 2 厘米见方的夹砂陶片 3 块，经拼接系出自同一件器物，中部发现陶罐底部的残片 1 块，但与东端的 3 块陶片不属于同一件器物，显然是有意将这些碎片随葬。其他质地的器物也有被打碎后再随葬，如元 M299 内发现 16 块石范碎片，大部分碎片散落于填土中，少部分在墓底；出土的 15 件铜刀仅有少部分完整器，不少仅存一小节；出土的玉器里只有 350 多件相对完好，其余大多在下葬时已是残件。

为什么居住在马头的骆越族人要随葬器物碎片呢？

碎物葬的现象在史前时期就已出现，是体现古人灵魂观的一种方式。打碎器物陪葬是为了辟邪，或者是认为只有打碎的器物才能供死者享用。碎物葬的习俗在广西一直延续至今，隋唐时期钦州久隆的夫妻合葬墓的"破镜合葬"现象，应与此有着紧密的联系。在现今的壮族葬俗中碎物葬仍有出现，他们认为，人死后灵魂会散成数片，为了不让它们争抢同一件器物，便打碎随葬品以供灵魂分享。

先秦墓葬

岩洞葬：亡魂的天然归宿

◆▷▶◁

　　岩洞葬，又称崖洞葬，是以天然洞穴作为葬地来安置死者的一种丧葬形式。1973 年，大新县歌寿岩岩洞葬的发现拉开了广西先秦岩洞葬研究的序幕。岩洞葬主要分布在广西西南部的左江、右江流域，中北部的红水河流域、柳江支流龙江流域和东北部的湘江、漓江、贺江流域，其中以西南部的左江、右江流域数量最多，保存也最好。岩洞葬有的在山脚，有的在山腰，有的则在悬崖峭壁。年代大致从新石器时代晚期末段开始一直到春秋战国时期，最早的为武鸣岜旺和弄山，之后依次为大新歌寿岩、大化北景乡腊岜山、龙州更洒山、忻城矮山和翠屏山、武鸣敢猪山和岜马山、宜州鹦鹰山和六桥凤凰山、来宾古旺山、武鸣独山、灵川后龙山和牯牛山、贺州龙中红砾岩山。

　　岩洞葬里的大部分人骨保存情况较差，既没有墓坑，也没有棺木痕迹。由于洞口狭小，棺木无法进入洞内，据此判断采用的是平地掩埋的方式，且未使用葬具。而究竟是一次葬还是二次葬，目前尚缺乏直接的证据。二次葬，也称洗骨葬、拣骨葬等，是一种在人死后先掩埋，待数年肉体腐化后，再将骨骼

武鸣弄山远景（李珍供图）

掘出装入瓮中重新下葬的习俗，在南方诸民族中普遍流行，现今在民族地区仍被沿用。我们认为，广西先秦时期的岩洞葬中既有一次葬，也有二次葬。例如，在岜旺岩洞葬发现的部分肢骨的关节相连，部分肋骨为自然状态的相连接，还有较多的脚趾骨；弄山岩洞葬有相连接的椎骨、肋骨，而敢猪岩洞葬有大致清楚的墓葬分布范围，均应是一次葬，且从其摆放位置和人骨架摆放的范围可以看出，部分岩洞葬的葬式有可能为屈肢葬。不过，在岜马山的一些体量较小的壁洞发现的残骸很可能为二次葬。

先秦墓葬

岩洞葬中出土器物有陶器、石器、玉器、铜器和骨蚌器等。其中，弄山岩洞葬中发现的7件大石铲值得关注。广西地区发现的大石铲主要分布于隆安、扶绥、邕宁等地的遗址，尤以左江、右江与邕江汇聚的三角地带最为密集，广东、海南及越南北部地区亦有出土。大石铲最早用于农业生产，随后逐渐演变成一种象征性的礼器。从其形制特征与摆放位置来看，后期那些打磨光滑、制作精细的大石铲应是农业祭祀、盟誓等仪式中的用品，使用年代为新石器时代末期，下限至先秦晚期。其后在合浦文昌塔与贵港桐油岭的西汉晚期墓中，各发现的1件大石铲，应是墓主收藏的前朝器物并随葬。

弄山岩洞葬出土的大石铲

古墓葬的奥秘

岩洞葬普遍位于人迹罕至的山坡或悬崖峭壁上，位置隐蔽且较难攀登，有的地方甚至用石块封堵，以确保遗骸与随葬品的安全。其起源也与南方史前人类的穴居生活有较大关系，人们深信，祖先的灵魂会一直停留在他们曾经居住过的洞穴里，将逝者安葬于洞穴之中，逝者的灵魂便可与祖先相聚。

◆ 岜马山岩洞葬

　　岜马山的山形似马，壮语称"山"为"岜"，因此被称为岜马山。1985 年，当地村民在一场活动中，意外发现了天然洞穴中深藏的"宝物"。他们撬开封堵山洞的石块后，发现了一

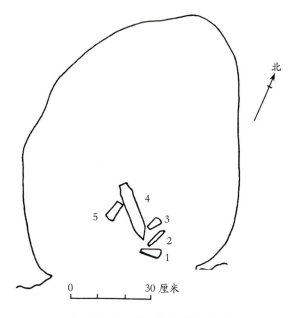

1. 石锛；2. 石刻刀；3、5. 石凿；4. 石戈
岜马山岩洞葬 5 号壁洞平面图

先秦墓葬

条斜形的自然通道，只可容一人匍匐前进，顺着通道进入内洞室后，看见洞室南北两侧壁上分布着 6 个大小不一的天然壁洞。壁洞内均有堆积土，随葬品大都被土覆盖，少数大件陶器半露出地面，排列于洞内侧。后来经考古人员清理，这些壁洞共出土陶器 17 件、石器 2 件、玉器 2 件、小石子 58 颗；未见葬具，仅发现零星人体遗骸残块，葬式也难以判断。例如 5 号壁洞洞口宽 0.55 米、高 0.95 米，平面呈半圆形，出土遗物中仅发现人体残肢骨 1 块。

凹刃石凿   陶罐

陶壶   陶釜

邑马山岩洞葬出土的器物（王梦祥供图）

骆越方国的辉煌

◆ ▶◀ ◆

　　苏秉琦先生提出，中国国家起源问题可以概括为发展阶段的三部曲（古国—方国—帝国）和发展模式的三类型（原生型、次生型、续生型）。发展到方国阶段，大约距今 4000 年。与古国相比，方国已经是比较成熟、发达且高级的国家形态，如夏、商、周，其君主都是方国之君。从考古出土的实物资料来看，此时的骆越部族已逐步进入方国阶段。

　　武鸣马头墓群，以及周边发现岩洞葬的岜马山、敢猪山、独山等应都在骆越方国的疆域范围内，并且极有可能是其中心地带。元龙坡墓群和安等秧墓群，应是骆越方国的公共墓葬区。这些骆越族群墓葬具有明显的特征，即均无腰坑，随葬品多为实用的圜底陶器，且多为夹砂陶，并饰绳纹，铜器常见斧、钺、矛、镞、短剑等兵器，还随葬较多的玉器，无三足器。在元龙坡墓群和岜马山岩洞葬、敢猪岩洞葬中都发现形状大小相同的小石子陪葬，这很可能与当时盛行的巫术占卜相关。

　　方国出现了社会分工，有专门负责生产玉器、青铜器的手工业者。元龙坡墓群出土完整的玉器 350 余件，有环、镯、玦、管、穿孔小圆玉片、坠、扣、圆形玉片、镂空雕饰等装饰品，表明方国的手工业者已掌握了玉器加工技艺。这些玉佩饰大多磨制精细、制作精美，穿孔小圆玉片极为规整，达 1000 片，有的扁薄如纸，厚度仅 0.3 毫米。由大到小依次递减的成套玉玦，以及镯、环、管等器物的造型，都表明当时手工业者至少已具备了一定的切割、钻孔、打磨等工艺。同时，安等秧墓群出土玉石装饰品共 62 件，包括玉玦 24 件和石玦 35 件，可观察出这些玉石装饰品采用实芯钻与管钻两种钻孔方法。元龙坡墓群出土石范 8 套及 13 件和较多残片。石范是铸造铜器的用具，有些石范的内部有使用过的烧焦痕迹，所铸铜器模型有双刃、单斜刃、扇形钺，以及斧、镦、镞、刀、圆形器、叉形器等，是本地使用范铸法铸造兵器的确凿证据。对应墓葬随葬品中大量的钺、矛、匕首、镞、镦等，进一步表明此时的兵器铸造应已形成一定的规模，在方国内有专门的作坊和工匠。除了本地铸造，马头墓群还出土了不少精美的青铜容器，带有明显的岭北色彩，是方国与其周边地区乃至中原密切交往的证据。

强大的军事力量促进王权政治的发展。墓葬规模体现出方国中的阶级分化已形成。根据墓葬形制与随葬品多寡，元龙坡墓群墓主可分为贵族、平民及贫民。该墓群有 274 座墓葬含有随葬品，贵族墓规模大、随葬品最多，有象征财富的铜卣，还有铜矛、铜钺等兵器，表明墓主身份地位较高，很可能是贵族首领或军事指挥官，拥有大量制作精良的兵器。周边岩洞葬中出土的随葬品也同样引人注目，不仅数量较多，而且还包含玉器、海贝等贵重且稀缺的类型，另外玉锛、斧、凿、戈等多无

使用痕迹，部分可能是从实用器演变而成的礼器，也表明墓主
应为方国中身份地位较高的统治阶层。

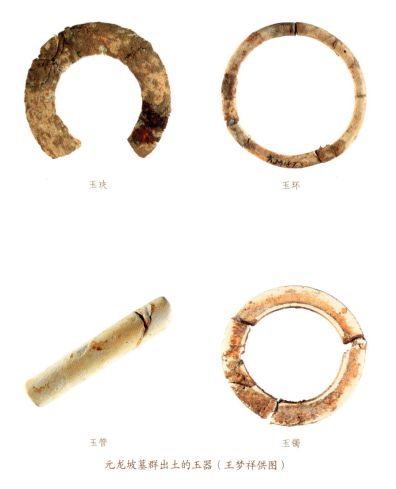

玉玦 玉环

玉管 玉镯

元龙坡墓群出土的玉器（王梦祥供图）

先秦墓葬

玉玦

石璜   石玦

安等秧墓群出土的玉石器（王梦祥供图）

石范

铜卣　　　　　　　　　　　　铜盘

元龙坡墓群出土的石范和青铜器（王梦祥供图）

先秦墓葬

《左传》有云："国之大事，在祀与戎。"贵族墓随葬的礼器与制作精良的兵器不在少数，这不仅体现了当时社会对祭祀与军事的重视，也暗示着此时很可能已经形成了常备武装力量。方国内部的社会分工、阶级分化与强大的军事武装力量，共同反映了骆越方国王权政治的发展态势。

交往交流交融的前沿

◆◆◆

◈ 感驮岩遗址

那坡县感驮岩遗址位于广西西南部、云贵高原南端，西北与我国云南省相邻，南部紧靠越南。这样特殊的地理位置，使其成为民族交往交流交融的前沿阵地。在感驮岩遗址清理出陶器、石器、骨器、蚌器、铁器等，以及人类食用后遗弃的动物遗骸，炭化编织物、炭化稻、炭化粟等。遗存包括史前文化遗存和战国时期文化遗存。其中，史前文化遗存分两期，第一期年代为距今约 4700 年，第二期年代为距今 3800—2800 年。共发现 3 座墓葬，其中史前第二期 2 座，战国时期 1 座。

编号为 M2 的史前第二期后段的墓葬的人骨保存较好，葬式为仰身直肢葬。在人骨的上、下方均放置大块的石头，但并未发现随葬品。

值得关注的是，史前第二期后段的遗存中发现骨质牙璋 1 件，编号为 BT08 ②：2（"②"指地层，"2"为器物编号）。牙璋端刃内弧，身部宽短，微束腰，柄部两侧有前后阑；阑间有一小齿，一侧阑齿已损，仅见根部；端刃有疤痕，器身两面见

先秦墓葬

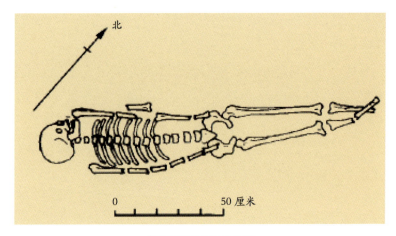

感驮岩遗址 M2 平面图

牙璋

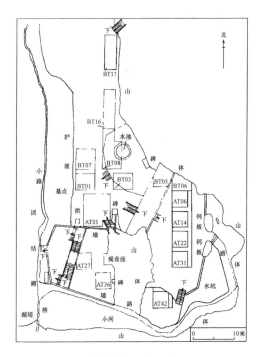

感驮岩遗址平面图

古墓葬的奥秘

竖向擦痕，柄端一角有片状裂痕；通高 5.8 厘米，刃端宽 1.4 厘米，柄宽 0.7 厘米，厚 0.2 厘米。

尽管不能判定出土的牙璋为随葬品，但发掘报告显示，感驮岩遗址的墓葬位置较为集中，因此可以判断，遗址内应存在一个墓葬区，史前第二期后段出土牙璋的 BT08 与发现同期墓葬的 BT16 两个探方位置相邻，出土牙璋无疑与墓葬存在一定的关联性。

◆ 龙中岩洞葬

龙中岩洞葬的发现，还要从一次狩猎说起。故事发生在贺县沙田镇龙中村（今属贺州市平桂区）。1991 年 7 月的一天，一名村民在村东的石山上追捕一只狐狸。狐狸行动敏捷，为了

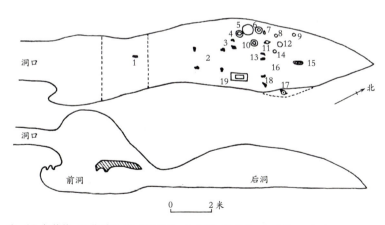

1、13. 铜棺栓；2. 钩形器；3. 兽头饰件；4. 铜罍；5. 铜鼓；6. 陶罍；7. 铜斧；8、14. 原始青瓷擂钵；9. 环形器；10 ～ 12. 铜鼎；15. 铜牺尊；16. 海贝；17. 铜盉；18. 龙头饰件；19. 铜箕形器

龙中岩洞葬平面图、剖面图及器物分布图

逃避追捕一下子钻进了山洞。村民急忙喊来数人，合力撬开洞口，进入洞内，却被琳琅满目的青铜器吸引了目光。随后贺县博物馆接到报告，派人对该洞进行清理，才发现这是一处先秦时期的岩洞葬。

岩洞距山脚约 30 米，洞口朝西南方向，原有大石封堵，外侧有天然巨石掩饰，用泥土填埋缝隙。洞内分为前洞和后洞，此次清理发现的随葬品主要分布于后洞。洞内葬具和人骨已腐朽，随葬器物也被村民全部取出，之后根据当事人的回忆放回原位，才得以知道器物摆放的大致位置。出土随葬品共 33 件，其中铜器 18 件（包括鼎、牺尊、罍、盉、鼓等生活日用器和装饰用品），陶罍 1 件，原始青瓷擂钵 2 件，海贝 12 枚。

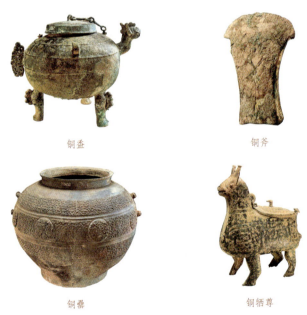

铜盉　　　　　　　　　　　　铜斧

铜罍　　　　　　　　　　　　铜牺尊

龙中岩洞葬出土的器物（王梦祥供图）

古墓葬的奥秘

时间来到 20 年后。2020 年 11 月，贺州市公安机关破获一起盗掘古墓葬和文物交易案，缴获了一批涉案文物，有青铜器 16 件，包括尊、鼎、盒、匕首、戈、钺、凿、削刀、锯、铜象、棺栓、铜叉等，原始青瓷 2 件，玉器 3 件。经证实该批文物竟是盗自龙中岩洞葬，出土位置为前洞，着实令人意外。时隔多年，两批文物得以"重逢"，也算是一个相对圆满的结局。

◆ 交往交流交融的物证

感驮岩遗址出土的骨质牙璋与夏商时期中原地区所出的玉石质牙璋形制较为接近。骨质牙璋尺寸比玉石质牙璋小，显然是模仿玉石质牙璋制成的。感驮岩牙璋端刃的形制比较特殊，由两个呈 V 形的歧尖和半月形的斜刃组成，应是综合了夏商时期中原地区和四川地区的牙璋刃部的特点。

牙璋是夏人发明使用的一种特殊玉器，南方地区发现的牙璋埋藏年代以晚商时期为主，是以二里头文化为代表的夏文化从中原地区向南方地区扩散的证据。其传播路线可能为商代从中原经广东、广西，或者是经四川、云南再传入越南北部。越南的冯原文化分布于红河中游与平原交界地带，发现遗址 70 多处，其中仁村遗址出土的 5 件牙璋，经对比与二里头文化所出的形制相同，又为文化传播增添了一份实物证据。

文化的交流和影响是双向的，彭长林等专家认为冯原文化也在影响邻近地区的文化面貌，同时期感驮岩遗址所出陶器的纹饰明显具有冯原文化的特征，邕旺岩洞葬、弄山岩洞葬随葬陶器上用绳纹刻划的 S 形五线谱纹应该也是受到冯原文化的影响。

先秦墓葬

弄山岩洞葬出土的陶釜

　　贺州地处楚越文化的交界处，出土文物杂糅了楚、吴越、中原等多种文化风格。龙中岩洞葬出土了一件石寨山型铜鼓，鼓胸饰竞渡纹，腰部饰牛纹，面径 36.4 ～ 36.5 厘米，通高 27.5 厘米。同类型铜鼓在骆越文化分布的广西、云南地区多见，且属于有一定身份地位的部落首领或贵族，应不是在当地制造的，而是与西南文化交流的产物。涉案文物中的原始青瓷、三段式鼓腹尊等具有典型的吴越文化特征，越式鼎应是来自岭北的湘江流域，青铜象、玉器带有明显的中原文化色彩，而"凤"字形钺则富含地方特色，由此反映出先秦时期中原、吴越与岭南地区的文化交流与民族融合。广西地区在发展过程中，与周围各地的交流往来愈发密切，中原文化、楚文化、滇文化融汇于此，交相辉映，为即将形成的大一统版图奠定了基础。

广西的先秦岩洞葬发展到后期受到了外来文化的影响。随葬的豆类陶器在湖南、广东等的新石器时代和商周时期的墓葬和遗址中较常见；玉石戈、铜戈与中原地区商文化的形制相同；敢猪岩洞葬出土玉串饰的管、片珠与三星堆二号祭祀坑所出的相似；海贝随葬的现象最早见于河南洛阳市二里头遗址，中原地区的商代墓葬中常见。

另外，广西先秦岩洞葬中出土的器物与武鸣马头墓群、感驮岩遗址出土的遗物也存在相似之处。古旺山出土的铜钺与元龙坡墓群所出的形制相同，独山、白面山岩洞葬所出的靴形钺、"风"字形钺、短茎剑、矛，与马头墓群出土的相似；翠屏山、歌寿岩、岜马山、岜旺等岩洞葬出土的陶釜、罐、杯等与那坡感驮岩遗址出土的器物较相似，宜州六桥凤凰山、鹞鹰山、北牙乡等的岩洞葬出土的凹刃玉凿、双微肩玉锛与感驮岩遗址出土的形制相同。这些例证说明广西地区的先秦岩洞葬与武鸣马头墓群、那坡感驮岩遗址的文化内涵存在一定的关联性。

绳纹圜底陶釜

三足陶罐

玉锛

感驮岩遗址出土的新石器时代器物

　　透过这些实物证据，循着文化脉络，仿佛可以看到两三千年前在这片土地上各民族演绎的交往交流交融的故事。

扫码获取更多资源

秦汉墓葬

　　秦的统一，标志着中国历史上第一个多民族统一的、以郡县制为基础的中央集权国家的出现。汉承秦制，铸就了中国历史的第一个发展高峰，并对之后的进程产生了直接的、重要的、极其深远的影响。对于广西地区而言，秦的统一还标志着广西正式融入汉文化体系，社会历史发展进入一个全新阶段。广西秦汉考古，正是围绕着这样一个伟大时代展开，并取得了丰硕的成果。

　　秦始皇经略岭南的史实，将探寻秦墓的线索指向兴安石马坪古墓群 M11、象州下那曹村古墓等；在合浦发现的土墩墓，被证实与"越人南迁"的记载紧密相关。广西现已发掘的汉墓超过2000 座，为复原汉代社会提供了丰富的地下资料。贵港罗泊湾汉墓尽显厚葬之风，还体现了残酷的人殉陋俗；合浦望牛岭一号墓、黄泥岗一号墓和堂排汉墓的规模与随葬器物，折射出身为官吏或贵族的墓主的显赫身份。合浦是汉代海上丝绸之路始发港之一，其汉代墓葬出土有玻璃器皿、宝石珠饰等来自域外的奇珍异宝，揭示出更遥远更广泛的中外海路交往格局。

秦代墓：秦经略岭南的见证

◆▶▶◆

秦王朝国祚短暂，有效统治岭南地区的时间仅约 10 年，很难将其墓葬与前后朝代的墓葬作划分，所以在岭南考古断代分期上，一般断为"战国晚期""秦代前后"或统称为"秦及西汉早期"。但广西地区的一些秦代墓葬，还是以其显著的历史背景和相对明确的年代特征，逐渐被揭示并得以辨识。

在广西兴安县，有一条古老的运河——灵渠，又称湘桂运河，它将海洋河（湘江源头，流向由南向北）和大溶江（漓江源头，流向由北向南）凿通，成功沟通长江和珠江两大水系。通过这条水路，大批粮草得以顺利运抵前方，充足的物资供应成为秦王朝统一岭南的重要保障。秦军还在灵渠附近设立关隘，修筑城池。近年来，考古专家在紧邻灵渠和大溶江的通济城进行考古勘探与发掘，从出土遗物推断，这里很可能是秦始皇进攻岭南时修筑的"秦城"。而墓葬是聚落的重要组成部分，灵渠和秦城的存在则暗示秦墓或有迹可循。秦统一岭南的过程可谓艰苦卓绝，因遭越人顽强抵抗，在灵渠一带相持三年，"伏尸流血数十万"（《淮南子·人间训》）。"数十万"的数字或许有所夸大，但秦军付出沉重代价则是无疑的。那么，这些战死沙场的士兵遗体究竟埋葬在哪里呢？

考古专家终于在石马坪古墓群中找到了一些重要线索。这个古墓群位于灵渠和大溶江之间的狭长地带，在 1983—1984 年发掘的 25 座墓葬中，最初年代断为西汉早期的几座墓，部分很可能早至秦。其中，编号 M11 的墓葬是一座同坟异穴墓，在一个封土堆下并排着两个墓坑，规模都比较小，长仅 1.8 米，宽仅 1.5 米，但深至 2.2 米，有如竖井，在形制上与当地浅而宽的汉代竖穴土坑墓有很大区别；出土的陶圜底罐、双耳罐等带有战国楚器遗风，而出土的长颈陶壶和圜底鼎与西安南郊秦墓所出的更为接近，可定为秦代墓。

在象州县罗秀镇的军田村，也发现了一座古城址。城址大体呈正三角形，面积约 15.5 万平方米，有内外两重城垣，等级很高，而这类城址到了西汉时期已经匿迹。从所处水路通道位置，城址规模、布局和构筑方式，以及在这一带采集到的秦半两钱、几何印纹硬陶片等来看，其年代指向秦代的可能性很大，或为秦军向南推进而构筑的城池，甚至可能是始设桂林郡的治所。在城址西面的下那曹村，村民曾在清理水碾房地基时挖出一批铜器和陶器，有铜矛、铜钺、铜人首柱形器、陶罍、陶双耳罐、陶小罐等，这些应是与城址相关的墓葬随葬品。

此外，在南部沿海的合浦县，首次发现了从江浙吴越一带传入的特殊埋葬习俗——土墩墓，即先在地面堆筑高大的土堆，然后再在土堆上面挖造墓穴。合浦县石湾镇大浪村编号 D2 的土墩墓年代，属秦至西汉早期。土墩墓在合浦的出现，很可能

秦汉墓葬

与公元前306年楚亡越后的"越人南迁"有关，证史意义非同小可。D2外观呈馒头状，平面为椭圆形，南北直径21米，东西直径35米，中部残高1.6米；墩内共发现早期墓葬3座，均为浅坑的长方形土坑墓，葬具和人骨全无；出土器物只有陶瓷2件、陶瓿1件、陶杯11件，但杯和瓿的火候很高，部分还施了釉，与江浙一带土墩墓所见如出一辙，应当是吴越人迁徙时带来的。

土墩墓D2发掘前残存的土墩

陶瓿

陶杯   陶瓮

土墩墓 D2 出土的器物

秦汉墓葬

　　秦灭韩、赵、魏、楚、燕、齐六国后，秦始皇就开始谋划统一岭南。公元前214年，秦终于攻下这片濒临南海的广袤大地，并设置了桂林、象和南海三郡。现广西行政区划为秦时桂林郡、象郡所管辖，西汉早期则处于南越国的割据势力范围内。到了元鼎六年（公元前111年），汉武帝平定南越国，在秦代三郡的基础上析分为九郡，其中新置的苍梧郡、郁林郡和合浦郡覆盖了广西的大部分地区，而桂北及桂西的小部分地区则归属荆州的零陵郡、武陵郡和益州的牂柯郡。东汉时期，虽然个别辖县有所调整，县名也有所变更，但是大体上沿用西汉时期的行政建制。

两汉墓葬：复原汉代社会的地下资料

◆▶◀◆

汉代广西地区人口稀少，按元始二年（公元 2 年）的人口统计，合浦、郁林和苍梧三郡总共只有 52192 户 296302 人。汉墓主要集中在这三个郡治现今所在地——合浦、贵港和梧州，在桂北、桂中、桂东南、桂西部分地区也有分布。据不完全统计，自 1954 年以来广西发掘的汉墓已超过 2000 座。

广西汉墓按构筑材料划分，一般可分为土坑墓、木椁墓、砖室墓、砖木合构墓、石室墓等几大类，年代分期多以广州汉墓为参照，西汉墓分前（或早）、中、后（或晚）三期，东汉墓分前（或早）、后（或晚）两期。砖木合构墓、砖室墓出现在东汉早期，石室墓见于东汉晚期，其他两类则贯穿两汉始终。

合浦汉墓群是我国目前规模最大且保存最好的墓葬群之一，总面积约 68 平方千米，1996 年被公布为全国重点文物保护单位。1957 年，广东的考古人员（1955 年 5 月至 1965 年 6 月合浦隶属广东省）在杨家岭和钟屋两地各清理砖室墓一座。自此，开启了合浦汉墓发掘和研究的历史篇章，历年发掘超过 1200 座。2021 年，合浦汉墓群入选"百年百大考古发现"，成为我

秦汉墓葬

国研究汉代文化的中心之一。

　　贵港汉墓群分布在贵港市区（1988 年 12 月前为贵县）及其周边，南起郁江，北至七里江桥，西起原贵县糖厂，迤东到罗泊湾、南斗村和铁路桥一带，东西长 7.5 千米，南北宽 2.5 千米。这个范围内的古墓葬分布密集，连绵不断，形成了壮观的墓葬群。1954 年，黎湛铁路开工时，在贵县发现了汉墓，迄今清理发掘已超过 500 座，出土各类文物 1 万余件。除了大家耳熟能详的罗泊湾汉墓，还有 2010 年在梁君垌发掘的 14 号墓，其出土了一枚铜"咸驩丞印"，表明墓主为东汉咸驩县的县丞。咸驩为九真郡辖县，位于今越南义安省演州县。一座墓葬同时出土陶船和牛车，这在岭南地区的汉墓中尚属首次，应是墓主履职往返、水陆兼程的真实生活写照。

陶船

牛车

梁君垌 14 号墓出土的器物

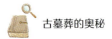

梧州的汉墓群密集分布在市区周围，20世纪60年代在云盖山、低山和莲花山一带曾有多次发掘。据了解，1958年以来共发掘墓葬300多座，出土文物6000多件。比较重要的发现有旺步一号墓出土的龙凤纹铜尺、二号墓出土的錾刻花纹铜案，大塘一号墓出土的铜仓和铜提梁壶，钱监二号墓出土的楼阁式房屋和陶牛等，大塘三号墓出土的盛有中药、豆类和柑橘种子的铜碗和铜盘。

潇贺古道和湘桂走廊是广西与岭北沟通的主要通道，沿线有不少汉墓发现。潇贺古道上，1980年在今贺州市八步区铺门镇金钟村发掘的一座大型木椁墓，虽早年曾遭盗掘，但仍出土了陶器、铜器、铁器、玉器等124件。其中有一枚"左夫人"玉印，暗示墓主可能是南越国时期相当于王侯一级官吏的配偶。毗邻的昭平、钟山两县，以小型墓居多，器物组合以瓮、罐、壶为主，多为日常实用器，反映了当时郡治以外地区经济发展的落后状况。其中有石室墓，这种墓葬形式流行于东汉晚期，结构简单，分布范围限于附近的富川、昭平、蒙山、荔浦、恭城、平乐等地。湘桂走廊沿线的汉墓以平乐、兴安两县为多。其中，1974年在平乐县银山岭发掘古墓165座；1983—1984年在兴安县石马坪古墓群进行了2次发掘，共发掘秦、西汉早期至东汉早期的墓葬25座，20号墓发现的"永平十六年作"铭文墓砖，可作为该墓地的断代标尺。

此外，1972年西林县一座铜鼓墓出土器物400余件。以铜鼓作为葬具的二次葬，在广西还是首次发现，墓主可能为"句町"国王。1983年在柳江县新安村清理东汉墓10座，其中4

秦汉墓葬

座出土固定在棺侧的滑石人面具；同年在浦北县发现青铜器一组共 13 件，疑出自同一个埋葬坑，其中的铜盆底饰似铜鼓面饰，为"粤式"铜鼓的断代提供了依据。1995 年在灵山县发现"熹平元年"和"熹平五年"墓砖。

汉代的埋葬习俗，除沿袭先秦时期的碎物葬外，还有合葬、外藏椁、架棺葬等。汉代是夫妻合葬墓的重要发展和转型时期。这一葬俗源自中原。西汉早期和中期，夫妻合葬墓与之前一样，采取异穴合葬的形式；西汉中期以后，制度变为除帝陵之外，一般都采取夫妻同穴合葬。广西地区以异穴合葬为常见，最早可出现在西汉早期，到了东汉晚期砖室墓依然盛行，应是广西地处偏远、葬俗演变滞后所致。广西汉墓还可见带外藏椁的现象。外藏椁制度在西汉早期由中原地区传入时尚保留真人殉葬的习俗，到西汉中晚期确立"厨、厩之属"的内涵，到东汉早期则已衰落。这一过程与中原地区的发展基本同步，但也表现出一些不同的区域特征。墓主应为郡守级的官吏或权贵阶层，可能是南下的汉人。其他葬俗，如架棺葬，就是把棺悬空在木架上，以达到防潮的目的。

作为边陲的广西地区，《史记》《汉书》《后汉书》等正史甚少记述。若要科学复原本地区历史，上述众多的汉墓资料，发挥的作用不可替代。

罗泊湾汉墓：殉人的厚葬

◆▶◀◆

在中国古代丧葬史上，厚葬之风长期处于主流地位，有"事死如事生"（《礼记·祭义》）、"事亡如事存"（《汉书·外戚传》）、"厚资多藏，器用如生人"（《盐铁论·散不足》）的说法，两汉时期更是盛行。富者奢靡僭越，一般百姓则穷尽财产，两汉名士批评时人"生不极养，死乃崇丧"（《潜夫论·浮侈》）。面对厚葬奢靡之风及其所引起的一系列社会问题，统治者深感忧虑，文帝、光武帝曾诏令薄葬，但厚葬之风仍屡禁不止。为改变这一风气，他们甚至身体力行，以自身为榜样，提倡节俭和薄葬。但汉代厚葬之风正是兴起于统治阶层，特别是王侯、外戚和宦官等，这些人往往既是政治上的受益者，又是经济上的富有者，有能力逾越礼制，行奢侈之风。甚至许多中小型汉墓，无论是构筑墓室的用工用材，还是随葬器物，相对于墓主的社会地位和经济实力而言，亦可入厚葬之列。

罗泊湾汉墓，可谓是厚葬之风的典型例子。1976 年 6 月，贵县化肥厂在扩建施工时，工人们无意间发现了一些鎏金的铜车马器。接到报告的自治区博物馆遂派人员前往清理，后来时

秦汉墓葬

任国家文物局局长王冶秋还亲临现场指导。由于当时考古人员发掘经验不足，清理过程一波三折，但这座历史上曾遭浩劫的大墓还是留给了人们很多的惊喜。

罗泊湾汉墓由一号墓和二号墓组成。关于一号墓的墓主身份，报告为南越国时期桂林郡的郡守、尉之类的高级官吏，但学者黄展岳根据墓葬形制、人殉制度等因素，认为应是"受南越王赵佗册封的当地土著首领——西瓯君"，而二号墓墓主应是西瓯君夫人，可能是一号墓墓主的夫人，也可能是稍后嗣位西瓯君的夫人，此说应更有说服力。罗泊湾汉墓虽"劫后余生"，但其厚葬之风依然显现。

◆ 规模大，规格高，筑法讲究

这两座墓从楚制椁室设头箱、足箱、左右边箱的形制演变而来。罗泊湾一号墓是一座大型竖穴木椁墓，在地面上有高大的封土堆，地下有宽敞的墓圹，墓道一侧有车马坑，椁室之下还有殉葬坑和器物坑。封土堆呈馒头形，残高约 7 米，底径约 60 米；斜坡式墓道长 41.5 米，上口宽 4.8 米，底宽 3.2 米；墓道下方连接墓坑，长达 14 米，宽达 9.6 米。墓坑距开口的深度有 6.3 米，还有 3.9 米是在平地上夯筑而成的，坑壁四周用火烘烤过，呈红褐色，十分坚硬。封土、墓道、墓坑的填土，都经过层层夯实。椁室平面呈"凸"字形，总长 12.5 米，结构复杂，但布局对称，有盖板、壁板、隔板、底板和封门，并用榫卯扣合成一体，底铺枕木，用粗大杉木分前、中、后室 12 个椁箱。在墓圹和椁室之间填塞 5 ～ 15 厘米的青膏泥，盖板上也

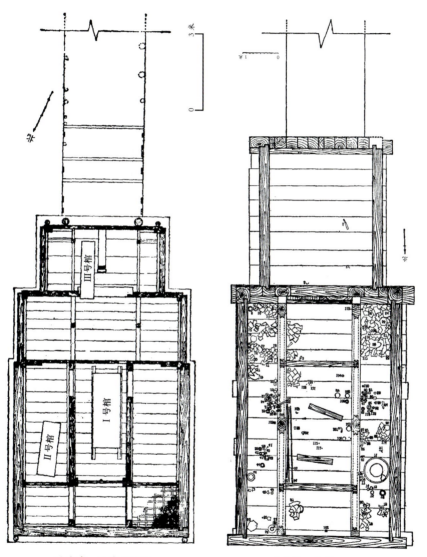

罗泊湾一号墓平面图　　　　　罗泊湾二号墓平面图

秦汉墓葬

铺一层，局部达 50 ～ 70 厘米，之上铺一层厚约 8 厘米的草帘，草帘之上再铺一层 25 ～ 40 厘米的黏土，经夯实、烘烧，形成坚硬的硬壳层。这样一来，就形成一个与外部相对隔绝的恒温、恒湿、缺氧空间，达到防腐目的。

相比之下，二号墓墓室规模略小，封土、填土和椁室筑法近似一号墓，亦颇为讲究，由前、后室组成，后室分隔成棺室、头箱、足箱、东边箱和西边箱五个部分。一号墓的椁室中部设棺室，置双层漆棺，棺室周围设 8 个边箱，形制与安徽寿县李三孤堆楚王墓相同。二号墓的椁室内中部设棺室，置双重棺，棺室周围设 4 个边箱，形制与长沙马王堆一号汉墓基本相同。

此外，这两座墓在椁室前端增设前堂，在椁室底下增设殉人坑；一号墓的椁室底下有器物坑，墓道东侧增设车马坑。前堂的设置仿自汉初中原洞室墓的前室或甬道；殉人坑、器物坑和车马坑，则是沿袭中原殷周高级贵族墓的墓制。由此可以看出，罗泊湾一号墓、二号墓的墓主身份应是侯王级的高级贵族，其规格之高非汉朝廷派出的地方郡守所能及。

◆ 随葬品丰富，器物精美

从一号墓出土的《从器志》木牍的记载来看，随葬器物无论是种类还是数量都非常丰富，并且这些器物原来大都用竹笥盛装或用布帛包裹，但由于早年被盗，椁室内的器物大部分被盗或捣毁。唯有殉葬坑和器物坑未被侵扰，里面的器物保存完好，有的铜器完整如新。出土罐、盒、瓿、釜等陶器 50件，鼎、壶、钫、杯形壶、九枝灯、漆绘提梁筒等精美铜器

羊角钮铜钟

环钮铜钟

九枝灯

漆绘提梁铜筒

铜鼎

铜壶

铜钫

杯形铜壶

罗泊湾一号墓出土的器物

秦汉墓葬

192 件，以及高足玉杯、"布山"（为郁林郡的治所）铭漆器等。乐器有铜鼓 2 件、铜锣 1 件、羊角钮钟 1 件、筒形钟 2 件、革鼓 2 件，十二弦乐器（琴瑟？）、筑和竹笛各 1 件，可见墓主是实实在在的"钟鸣鼎食之家"。二号墓也曾遭盗掘，所存随葬品总计 123 件。前室有车马器，底板下有一个殉葬坑。出土了"夫人"玉印、"秦后"戳印陶盆、"家啬夫印"封泥、金饼等珍贵文物。

◆ 残忍的人殉陋俗

　　这两座墓都采用了残忍而野蛮的人殉制度。一号墓椁室内，有漆棺 3 具。主棺为双层漆棺，置于椁室中部的棺室内；另 2 具单层漆棺，一具置于中部的东侧室内，另一具已漂移到前室，根据南越王墓主棺室之东侧室为四夫人之藏来看，这具漆棺原也应置于中部东侧室。可惜椁室早年被盗，棺内已空无一物，但从漆棺所在的位置与南越王墓极为相似来看，可以肯定，这 2 具漆棺的死者当是墓主生前宠爱的姬妾。在椁室底板下又设殉葬坑 7 个，每坑有木棺 1 具，棺内各 1 人，尸体用竹席或草帘包裹，有的棺内有少量随葬品。尸骨经鉴定为一男六女。男性大约 13 岁，有铁剑随葬，身份似为墓主生前的侍从；女性皆 16～26 岁，身份似为墓主生前的乐舞伎。其中，二号殉葬坑的棺盖上有墨书"胡偃"二字，随葬的竹笛应是这位 18 岁妙龄、名字叫胡偃的乐伎最擅长演奏的乐器。这 7 个殉葬人的体质特征属于华南人类型，他们很可能是长期生活在当地的民族。二号墓也在椁室底板下设殉葬坑 1 个，仅存牙齿 9 颗，见残朽的漆拐杖、漆奁、漆耳杯各1件。经过鉴定，这些牙齿来自同一个人，年龄约20岁，估计是墓主生前的侍婢。

蒜头形扁铜壶

铜鼓

铜鼎

漆绘铜盆

铜匜

高足玉杯

罗泊湾一号墓出土的器物

秦汉墓葬

金饼

玉印

印文

罗泊湾二号墓出土的金饼和"夫人"玉印

中国人殉制度盛行于殷周时代，至东周时期仍相当流行。考古发现的东周墓葬保存较好，墓主身份大体可以认定为诸侯、封君、上卿、大夫墓的，墓主一般都有殉人。西汉时期，人殉制度基本消失，在已发掘的诸侯、列侯墓中已经没有用人殉葬的现象。《汉书》中有几起从死事件，属于特殊情况，不能作为常例。用人殉葬的南越墓仅见于广州南越王墓和贵港罗泊湾一号墓、二号墓。这些墓葬沿袭了东周人殉制度，而不用"汉法"，说明墓主地位身份特殊，甚至达到王侯一级。

秦汉墓葬

合浦汉墓：海上丝绸之路的奇珍异宝

经过长达 60 余年对合浦汉墓的考古发掘，考古人员已经积累了丰富的第一手资料，随着相关研究不断深入，对合浦汉墓群的文化内涵逐渐有了较为充分的了解。这些资料为探讨合浦汉墓的形制、器物演变及断代分期奠定了基础，也为研究合浦汉墓的出土器物、埋葬习俗、文化源流和区域特征等提供了可靠的依据，更是中西贸易和文化交流的重要见证。著名考古学家刘庆柱把合浦汉墓出土的海上丝绸之路文物，概括为我国汉代考古发现中的三个"最"，即分布最集中、数量最多、种类最丰富。

◆ 汉代海上丝绸之路

根据国际学界的共识，海上丝绸之路的畅通基于沿线各国的官方保障。因此，海上丝绸之路大致形成于公元前 2 世纪末，即元鼎六年（公元前 111 年）汉武帝平定南越、置合浦等九郡，也就是在汉王朝实际控制了北部湾地区之后，才由官方正式开通。对于这一史实，正史《汉书·地理志》有明确记载：

"自日南障塞，徐闻、合浦船行可五月，有都元国；又船行可四月，有邑卢没国；又船行可二十余日，有谌离国；步行可十余日，有夫甘都卢国。自夫甘都卢国船行可二月余，有黄支国，民俗略与珠厓相类。其州广大，户口多，多异物，自武帝以来皆献见。有译长，属黄门，与应募者俱入海市明珠、璧流离、奇石异物，赍黄金杂缯而往。所至国皆禀食为耦，蛮夷贾船，转送致之。亦利交易，剽杀人。又苦逢风波溺死，不者数年来还，大珠至围二寸以下。平帝元始中，王莽辅政，欲耀威德，厚遗黄支王，令遣使献生犀牛。自黄支船行可八月，到皮宗；船行可八（景祐、殿本都作"二"）月，到日南、象林界云。黄支之南，有已程不国，汉之译使自此还矣。"

这段文献所述年代从汉武帝到王莽辅政，岭南考古学分期当属西汉中期至西汉晚期，主要内容为汉王朝与东南亚、南亚诸国的海路交往和贸易情况，尤以使团的航线节点、航程和交易商品等表述较为详尽。通过对海路沿线考古发现的年代为公元前 2 世纪前后的大型遗存进行梳理，对《汉书·地理志》所载路线涉及古港和古国的现今位置进行考证，考古专家复原了西汉海上丝绸之路的路线图。正如陆上丝绸之路（或称"沙漠绿洲丝绸之路"）以张骞受命"凿空"西域为正式开通，上述汉武帝时期开通从北部湾地区出发的远洋贸易航线，以丝绸贸易为象征，官方参与主导，路线相对明确固定，对日后中外交往产生了深远影响，可视为海上丝绸之路的年代上限。从这一意义上说，汉代海上丝绸之路在境内始自北部湾地区，合浦郡的徐闻和合浦两港则是最早的始发港。广西与相邻的东南亚甚至

秦汉墓葬

南亚和更远的地区通过海路维系，产生了千丝万缕的联系，合浦因而成为汉王朝开放的"前沿地带"。

汉代海上丝绸之路以商贸活动为主，按《汉书·地理志》所载，使团"赍黄金杂缯而往"，明确汉王朝贸易输出的商品主要有黄金和丝织品两类。沿线地区主要是东南亚国家，还发现了中国铜镜、铜印章及汉式陶器等非贸易品。从出土文物来看，汉王朝输入物品为"明珠""璧流离"和"奇石异物"，分别指珍珠、玻璃器皿，以及石榴石、水晶、琥珀、绿柱石、玛瑙、红玉髓、蚀刻石髓、绿松石和黄金等珠饰，其中又以玻璃和玉髓类珠饰为大宗。香料也应属"异物"中的一种。

上述合浦汉墓出土的玻璃器及大量宝石珠饰，以往的研究多认为与汉代海上丝绸之路密切相关。由于岭南当地没有上述宝石的矿藏资源，也没有汉代前后开采的历史记录，因此这些宝石珠饰只能直接舶来，或从域外进口原材料加工。至于输入的路线，除极少数可能从陆路辗转输入外，沿北部湾的海路无疑是其中最便捷的通道。这些质轻价昂、便于携带的奢侈品，在广西官吏和贵族墓中有较集中的发现。学者对这些文物的研究，使得当时海路贸易和文化交流的轮廓逐渐清晰，从而印证了史籍里关于汉代海上丝绸之路的记载。

◆ 望牛岭一号墓："庸氏"太守之墓

1971 年 10 月，考古工作者对合浦县炮竹厂施工时发现的一座位于县城东南郊望牛岭的大型汉墓进行发掘，至当年底完成。这是一座西汉晚期的木椁墓。此前，本地的发现只有 1957

望牛岭一号墓发掘现场

年广东考古工作者发掘的 2 座砖室墓，出土器物很少。当地百姓把一些出露的砖室墓称为"直眼佬屋"，相传为小个子、单眼竖直的外来人种所居住的房屋。这次发掘让世人惊叹，在合浦这个小地方居然有如此巨大规模的汉墓和丰富的随葬品，参观群众一时络绎不绝。

望牛岭一号墓发掘前可见直径 40 米、残高 5 米的封土堆。墓葬由墓道、甬道、墓室及甬道两侧的耳室等部分组成。全长 25.8 米，最宽处有 14.1 米。该墓历史上未曾遭盗掘，保存基本完好。

随葬物相当丰富，共 245 件，其中以凤灯等铜器为主，且多成对出土。棺内位置出土葬玉、鎏金铜圆牌器、环首铁刀、铜镜、铁剑、金饼、琥珀"庸毋印"，以及黄金、玻璃、宝石等

秦汉墓葬

珠饰。主室前部及棺具两侧置大量铜器、漆器，器物放置对称，纵横成行，井然有序；南耳室置陶俑和陶制、铜制容器，北耳室置车马器。南、北耳室作为高等级墓葬的外藏椁，出土的完整铜制井仓灶模型明器组合，除了望牛岭一号墓，全国范围内迄今也仅在合浦另外3座汉墓中发现；出土的2件陶提筒，大小相当，一件完整的内朱书隶体"九真府"三字，另一件残破的内朱书隶体"九真府口器"五字。出土的车马器及大量精美器物，足以说明墓主的显赫地位。

我们倾向于认为墓主曾任九真郡的太守。近年来，考古人员清理了望牛岭一号墓封土堆范围内及其周边的24座墓葬，包括西汉墓22座、东汉墓1座和晋墓1座。其中，西汉晚期的11号墓出土"庸定"玉印，14号墓出土"庸临"铜印，揭示了这是一处以一号墓为中心的庸氏家族墓地。书有"九真府"和"九真府口器"的陶提筒，并非贵重之物，应不是来自九真郡的远途馈赠，而为太守一类府第所使用的定制器物。《后汉书·张湛传》言："明府位尊德重，不宜自轻。"唐李贤等注云："郡守所居曰府。明府者，尊高之称。"这些都可资佐证望牛岭一号墓墓主应为曾任位于今越南清化省一带的九真郡太守"庸毋"。

合浦属于"边郡"，边郡与内郡的差别导致了中央政府在官吏选任、户籍管理等方面采取了差别化管理措施。汉武帝时期在任用郡、国的守、相、都尉、丞及县的令、长、丞、尉这些比二百石以上长吏时，强化了本籍地回避的人事制度。基于回避原则，太守"庸毋"从汉化较早的合浦赴九真郡任职。异地任职的官员死于他乡，一般都归葬，是汉代的丧葬礼俗。

琥珀"庸毋印"

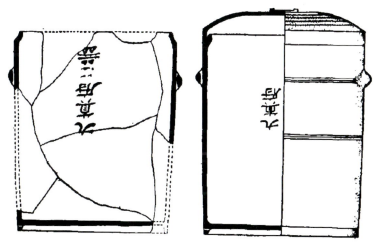

"九真府"书陶提筒

秦汉墓葬

金饼

玻璃串珠

紫水晶

红玉髓

玛瑙

玛瑙

望牛岭一号墓出土的器物

 古墓葬的奥秘

金珠

绿柱石

白水晶

望牛岭一号墓出土的器物

秦汉墓葬

出土金饼"阮"铭、"大"铭2枚，重约250克，为汉之一斤，被认为是用于海上贸易的大额货币。珠饰计有玻璃珠823颗、金珠12颗、玛瑙珠7颗、红玉髓珠4颗、无色水晶珠14颗、紫水晶珠2颗、绿柱石珠11颗、琥珀珠4颗。这些珠饰的造型多见于域外，当为舶来或受外来文化因素影响而出现。

◆ 黄泥岗一号墓：徐闻县令陈褒墓

1990年由合浦县博物馆发掘，为东汉早期砖木合构墓，由墓道、前室、后室三部分组成。前室为砖圹，以木板盖顶；后室设木椁，椁内套棺；前、后室墓底都以"人"字形平铺条砖。墓葬全长24米，其中斜坡式墓道长16.50米、宽2.71米，前室长2.18米、宽4.28米，后室长5.32米、宽3.01米。尽管墓葬报告尚未刊布，所出陶器及部分铜器的情况还不甚了解，但不断见诸于相关著述及展览的出土文物珍品，引起学界的关注。究其原因，一是该墓发现滑石"徐闻令印"及龟钮"陈褒"铜印各一方，可知墓主为陈褒，生前曾任合浦郡徐闻县令，是迄今发掘1200多座合浦汉墓中，唯一一座明确墓主及其身份地位的墓葬；二是该墓还出土一大批珍贵文物，如"宜子孙日益昌"出廓玉璧、子母玉带钩、心形玉佩、龙首金带钩、错金纹铜剑、铜蒸馏器、铜制井仓灶模型明器、玻璃杯、玻璃剑璏以及众多精美珠饰，尽显一县之令的奢华。特别是出土的玻璃杯以及珠饰，与汉代海上丝绸之路贸易关系密切。

玻璃杯呈湖蓝色，半透明，口径达9.2厘米，通高5.8厘米。这件玻璃杯的颜色、形制有别于当地较多见的深蓝色玻璃

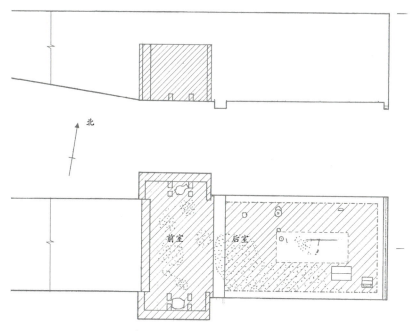

黄泥岗一号墓平面图、剖面图

滑石"徐闻令印"

龟钮"陈褒"铜印

杯，初步判断其是从东南亚输入的。汉代合浦地处边陲，一般来说文化科学技术都落后于中原地区，唯独玻璃容器的制作水平高于中原，不能不说这种现象的出现与海上丝绸之路密切相关。研究还表明，海上丝绸之路所进行的早期贸易，对合浦玻

秦汉墓葬

璃制作技术发展有重要影响，除直接输入印度、东南亚所产的钾玻璃外，影响更为深远的是对外来玻璃制作技术的吸收和发展，形成本地生产的钾玻璃体系，并随着印度—太平洋贸易珠向东传播，影响遍及东部沿海，甚至到达日本、韩国等地。

湖蓝色玻璃杯

出土的一串绿柱石混合串饰，共 23 颗。经测试，显示除 9 颗水晶、1 颗玉髓外，其余属于包括海蓝宝石、金绿宝石和透绿宝石在内的绿柱石。在古印度佛陀时期，绿柱石是一种流行的奢侈宝石，在孔雀王朝时期的舍利塔中也有出土。这种宝石在古罗马时期的需求量很大，普林尼在 1 世纪的《自然史》中记述，最好的绿柱石绝大多数来自印度。此外，斯里兰卡的绿柱石资源丰富，也是传统宝石加工区。因此，黄泥岗一号墓及合浦汉墓出土的其他绿柱石串饰，应来自南亚的印度和斯里兰卡一带。

绿柱石混合串饰

黄泥岗一号墓出土的其余珠饰，包括一串紫水晶，达163颗，出土时隐蔽置于后部枕木沟的一个木匣里；一串玛瑙和红玉髓，共5颗，颜色各异；一串琥珀，4颗，其中有母题源自西方的狮形饰；一串混合串饰，包括2颗圆形石榴子石珠、1颗六棱形玻璃珠和1颗六方形水晶珠，以及具典型域外风格的十二面金珠等。在以往的研究中，这些出土物多被认为自东南亚或南亚地区输入。

县令、长和丞皆为中央任命，有关吏员组织，《汉书》卷十九《百官公卿表上》载："县令、长皆秦官，掌治其县。万户以上为令，秩千石至六百石。减万户为长，秩五百石至三百石。皆有丞、尉，秩四百石至二百石，是为长吏。"徐闻户口逊于合浦，不足万户是肯定的，但也可称为"令"，俸禄成倍增加，对边郡职官的"高配"，体现了朝廷对边疆治理的高度重视。

秦汉墓葬

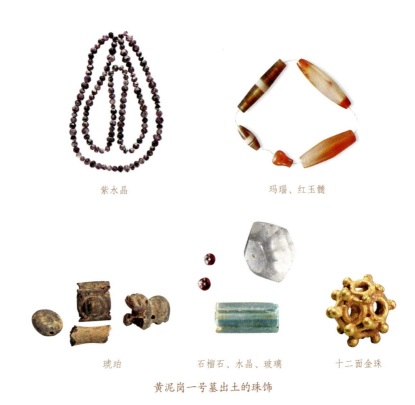

紫水晶　　　　　　　　玛瑙、红玉髓

琥珀　　　　石榴石、水晶、玻璃　　　十二面金珠

黄泥岗一号墓出土的珠饰

◆ 堂排汉墓：贵族墓地

1975 年秋，在堂排发掘了 4 座西汉晚期木椁墓，来自楚国的葬俗诸如积石积炭、封护白膏泥等，显示这应是一处贵族墓地。一号墓出土"劳邑执圭"琥珀印，"执圭"是源自楚国军功性质的爵位。保存较为完好的二号墓，为夫妻异穴合葬墓，随葬品丰富，达 230 件，出土的稻谷、大批兵器和农具，说明汉代对巩固边陲和发展农业生产相当重视；出土的荔枝果壳和果核，是这种岭南名果栽培的历史见证；出土胡人俑和大量的玻璃、玛瑙、红玉髓、绿柱石、琥珀珠饰，证实了当时对外交流的广泛性。

"劳邑执封"琥珀印

玛瑙

红玉髓

胡人俑

绿柱石

琥珀

玻璃

堂排汉墓出土的器物

更多的墓葬：揭示更遥远更广泛的海路交往

◆▶◀◆

    随着贸易而开展的文化交流，西汉晚期起在合浦汉墓及其出土器物中也有诸多体现。一些器物植入了外来元素，如勾画外来人种的胡人俑、与西方神话中有翼神兽关系密切的羽人座灯，以及反映佛教海路南传的钵生莲花器、摩羯佩、三宝佩等。常见于岭南东汉中晚期砖室墓中的叠涩穹窿顶，其造型和构筑技术，或许也受到了中亚帕提亚–巴克特里亚系统的影响。对合浦汉墓及其出土相关文物的梳理和研究，使当时海路贸易和文化交流的轮廓渐渐清晰，从而印证了史籍关于汉代海上丝绸之路的记载。这一阶段甚至更早时期，航线西端的印度、斯里兰卡跨越印度洋与地中海地区的贸易已经兴盛，合浦港作为航线东端的起点，通过东南亚、南亚，与西亚、地中海地区建立起间接联系，从而构成互联互通的中西海路交往网络。合浦汉墓的出土文物，为我们提供了有力的物化证据。

◆ 寮尾墓地

人们常说，古墓特别是砖室墓"十室九空"，遗物所剩无几，这是因为古墓覆盖着高大的封土堆，目标显眼，加之砖墓又易于盗掘。不过，被盗后的寮尾 13 号墓，其出土文物还是让专家们喜出望外。

2008—2009 年，考古人员对寮尾墓地的 32 座古墓进行发掘。墓葬遗留下来的随葬品不多，部分还被扰动到填土中，个别墓葬甚至没有剩下随葬品。出土器物共计 477 件，大部分为 13 号、14 号和 16 号墓出土，以陶器为主，还有铜器、铁器、银器、玉器、玻璃器皿、滑石器，以及水晶、玛瑙、琥珀、玻璃珠等串饰。

出土波斯陶壶和铜钹等器物的 13B 号墓，为同茔异穴合葬墓，残存器物集中分布在墓室后端一角，主要有陶器、青铜器、

寮尾 M13B 的盗洞

秦汉墓葬

漆器、琉璃珠、玛瑙等。这座墓在历史上曾遭盗掘，盗洞直达底部。巧合得很，波斯陶壶所处的墓室一角，不知道是盗贼出于安全考虑，抑或其他原因，其他一批器物连同幸存了下来。这件器物出土时很不起眼，被挤压扁平，碎成了几十片。因为这件壶属于低温釉陶，茬口很难对齐，所以修复不易，要讲究技术，更要有足够的耐心。最后技术工人花了两周左右的时间，才将它粘补好。

修复后的完整器物终于摆在考古人员面前，但类似的造型国内同时段似无发现。考古人员不敢将其归为波斯陶，因为之前扬州等地发现的波斯陶年代晚至隋唐。于是，本书作者之一熊昭明向中国社会科学院考古研究所白云翔先生求教，得知这类陶壶在波斯古国属地即现今的伊拉克南部和伊朗西南部有不

波斯陶壶

铜钹

少发现，便急忙找来伊拉克塞琉西亚遗址出土的器物资料进行比对，果真如此，甚至与其中 1 件当时存于叙利亚国家博物馆的陶壶几乎如出一辙。为稳妥起见，考古人员取样送往中国社会科学院考古研究所的科技中心，检测釉面和胎的化学成分等。检测结果表明，这件陶器的化学成分体系与我国古代多种陶瓷釉的完全不同，而与西亚的发现相类，是我国发现的年代最早的唯一一件波斯陶壶。而同出的一件铜钹，无论是纹饰，还是成分分析，都带有强烈的域外文化色彩。它与波斯陶壶的同时出现，实非偶然。唐杜佑《通典》说铜钹"出西戎及南蛮"，也给了一个很重要的提示：除西来外，南方也是铜钹的另一个源头。因此，考古人员认为这件铜钹与波斯陶壶来源一致，都是从西亚通过海上丝绸之路辗转输入的，是目前我国发现的年代最早的铜钹实物资料，对研究古代乐器史和中西文化交流的意义非同寻常。

寮尾墓地还出土其他一批有关海上丝绸之路的重要文物，为汉代海上丝绸之路合浦港的研究提供了新的重要物证。

钠钙玻璃：又称"罗马玻璃"。这是广西出土玻璃器中第一次检测出钠钙玻璃，分别出自 15 号、17 号、19 号墓，与之伴出的还有产自当地的钾玻璃。寮尾墓地发现的钠钙玻璃珠以钴着色，并且具有低锰、含锑的特点，与广西以钴着色的钾玻璃中高锰的特点不同，且 K_2O、MgO 含量较低（均低于 1%），判断是以泡碱（$Na_2CO_3 \cdot NaHCO_3 \cdot 2H_2O$）作为助熔剂。最有名的泡碱产地在埃及，寮尾墓地发现的钠钙玻璃与埃及和东地中海地区关系密切，应是通过海路输入。

秦汉墓葬

钠钙玻璃串饰

　　焊珠金饰片：14号墓出土了镶嵌在剑把里端的焊珠金饰片。制作过程大致是先把金捶打成厚约1毫米的薄片，再用细小的掐丝勾出轮廓，然后将金丝剪成小段，高温吹熔凝集成细密的小颗粒金珠后焊接在薄金片上。这种金粒焊缀工艺，是汉代金器制作技术的代表性成就，但更早时期，流行于古代埃及、乌尔（今伊拉克）、麦锡尼等国，是地中海沿岸的金工技法。金丝宽0.2毫米，金珠约200颗，分大、中、小三种，大的直径0.74毫米，中的直径0.25毫米，小的直径仅0.1毫米，以中的一种居多。细看这件焊珠金饰片，无异于今日之微雕，其精湛工艺令人击节称叹。

焊珠金饰片

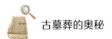

蚀刻玛瑙珠：13号墓和15号墓出土的蚀刻玛瑙珠，也称"蚀刻石髓珠"，广西汉墓中发现很多，尤以海上丝绸之路著名港口合浦一带发现为甚，主要为在红色、黑色的玉髓基体上蚀刻白色条纹。专家多认为这种蚀刻石髓珠是舶来品。从蚀刻石髓珠的发展历史来看，在其早期和中期阶段，印度都是主要的生产地。这种珠饰制作复杂，从石髓和蚀刻碱料的选择到其加工过程中的每一阶段都需要长期的实践摸索，传播多是家族继承式。随着印度工匠的移动，蚀刻石髓珠的技术可能随玻璃技术一起传播到东南亚。

串饰

胡人俑座灯：13B号墓出土"深目鼻高，尖下巴，络腮胡须"胡人特征的俑座灯，与当地出土的狮子饰物一样，因其艺术创作的母题，通常也被认为与海上丝绸之路有关。

胡人俑座灯

秦汉墓葬

◆ 风门岭墓地

输入我国的贸易商品中，首为"明珠"，亦即珍珠。在已发掘的合浦汉墓中，迄今尚未发现有珍珠幸存，大抵与当地酸性红土有关。但风门岭10号墓出土的一颗十二面金珠，与其他不同，其十二个面都用金箔做成内凹状，并以金珠连缀。内凹处应镶嵌有珠饰，很大可能是已溶解的珍珠等。类似这种镶嵌珍珠的金珠，在西安隋朝李静训墓中也有发现，研究者言"似乎可以认为隋李静训项链原产于巴基斯坦或阿富汗地区"。

合浦素有"南珠之乡"的美誉，但其采珠业在设郡县后才出现，至西汉晚期，已形成一定的规模。相对而言，南亚和西亚采珠业出现的时间要早得多。印度南部沿海、斯里兰卡的马纳尔湾、波斯湾的巴林一带，盛产珍珠并用于对外贸易。在古印度，珍珠被视为佛教"七宝"之一，斯里兰卡则被《厄立特里亚航海记》记载为一处盛产珍珠、宝石、细棉布和玳瑁

风门岭10号墓出土的十二面金珠

李静训墓出土的项链

古墓葬的奥秘

的文明开化之地。在斯里兰卡的曼泰遗址，出土了完整的原珠和钻孔珍珠。从时间节点来梳理，长盛不衰的合浦采珠业，可以说是海上丝绸之路带动而兴起的产业。在当地采珠业兴起之前的西汉早中期，汉王朝权贵阶层对珍珠的欲求，还须通过海外贸易输入得到满足。西方珍珠巨大明亮，《汉书·地理志》中记载的"大珠至围二寸以下"，按汉尺折算，周长二寸的直径接近 1.5 厘米。东汉时期，合浦珍珠主要服务国内市场，满足国内的大部分需求，但颗粒大的和稀少品种仍需通过交趾一带进口。

"异物"香料。据不完全统计，合浦汉墓出土熏炉 54 件，其中陶质 33 件、铜质 21 件。一般为每墓 1 件，望牛岭一号墓和风门岭 26 号墓等大中型墓葬则出土 2 件铜熏炉，寮尾 14B 号墓虽已被盗，但仍有 2 件陶熏炉和 1 件铜熏炉出土。从年代看，铜熏炉的出现时间较早，多集中在西汉晚期，如北插江盐堆 1 号墓所出。风门岭 24B 号墓出土的陶熏炉，内有炭条；堂排 2B 号墓的铜熏炉，出土时内有少量香料和灰烬。

中原地区熏炉的出现相对晚一些，反映熏香的风气是自南往北逐步推广的，而高级香料最先是从南海输入我国的。

风门岭 M24B 出土的陶熏炉及香料残余

秦汉墓葬

汉代时，苏门答腊、马来半岛、婆罗洲以及波斯等地都盛产的龙脑香，可能已辗转输入中国。《史记》中载"番禺亦其一都会也，珠玑、犀、瑇瑁、果布之凑"，下注有裴骃《史记集解》引韦昭对"果布"的解释："果谓龙眼、离支（荔枝）之属。布，葛布。"龙眼、荔枝难于运输，葛布也属寻常之物，断不会从南洋长途输入，故学者韩槐准"断为古人重视而迷信之龙脑香，或非过言"。按当时的海上交通和贸易情况，合浦的香料来自东南亚各地，应无太多歧义，而熏炉的广泛出现，意味着香料在当地已较为普遍使用。

佛教海路南传。海上丝绸之路不但是贸易之路、科技传播之路，也是文化传播之路，佛教传播无疑是其中的代表。通过海路，佛教从古印度传入东南亚地区，加之东南亚印度化的影响，佛教在东南亚得以较为广泛而持续地传播。与交趾比邻的广西、云南等地，因而与佛教有了接触，也实在情理之中。

一般认为，合浦汉墓出土的佛教文物有三宝佩、摩羯佩等，还有不少石榴石、红石髓、玛瑙、琥珀等材质的狮形饰件。这些狮形饰在南亚、东南亚地区也有较多发现，英国考古学家格洛弗认为其"极有可能是早期佛教图像，见证早期佛教思想和价值在东南亚的出现"。摩羯是印度神话中的动物，被认为是河水之精，是法力无边的海兽，摩羯纹饰常见于古代印度的雕塑、绘画艺术中，在寺院建筑的塔门上尤为多见。现知最早的摩羯纹饰大约出现于公元前3世纪中叶，直到12世纪在印度一直流行。其传入中国的路线，之前被认为是循西边陆路，较早的纹样出现在陕西咸阳市三原县双盛村隋代李和墓的椁盖上。

合浦发现的铜钹和钵生莲花器，也应与佛教有关。铜钹是一种单片形式的打击乐器，亦作为佛教法器，很可能是通过印度传入的西亚器物；钵生莲花器可能脱胎于佛教对莲花符号的运用，进而作为供奉神器。此外，吴焯认为大量出土熏炉所体现的汉

石榴石狮形饰

红玉髓狮形饰

红玉髓摩羯佩

紫水晶三宝佩

合浦汉墓出土的相关佛教文物

合浦汉墓出土的钵生莲花器

秦汉墓葬

人焚香习俗，源自佛家礼仪，而且可能提供一条目前尚不明朗的、佛教在中国南方早期传播的重要线索，暗示了佛教海路南传线路的存在。

佛教传入我国的途径，有海路和陆路两种说法。对于从海路传入的观点，虽然反对声音不小，但是三宝佩及相关文物在我国南方地区的考古发现，是早期佛教海路南传的有力佐证。存在一条佛教从海路传入的线路，应是无疑的。

◆ 文昌塔汉墓

文昌塔汉墓出土不少前述的玛瑙、红玉髓、水晶等来自域外的珠饰，其中最具特征的是玻璃器。除部分串珠为交州本地制作的，还有来自东南亚、南亚甚至间接来自地中海地区的器物，为我们重构从北部湾地区到地中海地区的庞大海路贸易网络提供了确凿的证据。

来自东南亚的玻璃器：除前述黄泥岗一号墓出土的湖蓝色玻璃杯外，文昌塔1号墓出土的角轮形环，从化学成分特点看属于中等钙铝钾玻璃；从器形上判断，与我国台湾、广西，以及菲律宾、越南等地发现的有角块状石环有密切关系。越南南

角轮形环

部沙萤文化区域是最典型的一个仿制玉器造型制作玻璃区域，文昌塔这件角轮形环很可能是从东南亚传入的。

来自东印度的玻璃器：中等钙铝钾玻璃在印度、东南亚和我国广西广泛分布，形制也多有不同，说明可能存在多个制造中心，这也侧面说明了针对具体器物进行产地判定的复杂性。可结合考古类型学，对部分器物的来源进行初步判断。从印度输入的可能有文昌塔 70 号墓出土的淡青色玻璃杯、77 号墓出土的六棱柱饰等。

淡青色玻璃杯　　　　　　　　六棱柱饰

推测来自印度的玻璃器

来自地中海东部的玻璃器：文昌塔汉墓出土单位不详的一件碗，经初步测试分析，判断为植物灰型钠钙玻璃。该碗通体呈黄褐色，有状似叶片的褐色花纹偏于半部。敞口，沿下有两周凹弦纹，平底。口径 8 厘米，通高 4.9 厘米，底径约 3.9 厘米。颜色、大小、外形与日本美秀博物馆珍藏的标注为"东地中海地域、公元前 2 世纪—公元前 1 世纪"的一件碗十分接近。东汉早期扬州甘泉山 2 号墓出土的玻璃器残片，经检测为钠钙玻璃，从报告描述的"紫黑色和乳白色相间的透明体"等特征来看，也与上述器物吻合。此外，宾夕法尼亚大学博物馆还收

秦汉墓葬

藏一件 1963 年在塞浦路斯出土的玻璃碗，年代属古希腊和古罗马的古典时期（公元前 5 世纪至公元前 4 世纪中叶）。此碗也属模制，口沿内侧及底部各有两道凹弦纹，口径 12.5 厘米、通高 6.4 厘米。颜色紫白间杂，接近文昌塔汉墓所出，西方学者认为这是仿玛瑙的颜色。文昌塔汉墓所出的玻璃碗，从其他发现特别是塞浦路斯所出来看，应是从地中海东部地区辗转输入的。

罗马玻璃碗

六朝墓葬

　　三国时期，隶属东吴珠官郡的合浦与吴地交往密切，岭脚村三国墓随葬的青瓷器皿极具吴地风格，出土的三羊镜更是两地频繁往来的见证。两晋时期的纪年砖墓数量增加，带铭文的墓砖帮助考古人员进一步明确墓葬所蕴含的年代信息，具有重要的学术意义。六朝时期的岭南成了人们的避世桃源，南朝墓所出的滑石人俑与北方汉人面容相似，为这一时期汉人南迁提供了独特的视角。康平的社会环境促使道教与佛教广泛传播，与道教相关的买地券在广西南朝墓中多有发现，而此时融合了佛教因素的带流铜壶、钵生莲花器等文物为证明佛教在六朝时期的兴盛添了一份实证。

合浦岭脚村三国墓：与吴地的密切联系

◆▶◀◆

　　六朝，指三国两晋南北朝时期的东吴、东晋、宋、齐、梁、陈六个南方政权。六朝时期政权更替频繁，战乱频发，民众苦不聊生，纷纷举家南下，岭南成了大批外来人口的避世桃源。劳动力的增加，促使这一时期广西地区经济发展、社会进步，文化传播与交流日益频繁。

　　考古人员在桂林翊武路、尧山、永福县和阳朔县高田镇，还有贺州芒栋岭和梧州等地发掘了少量的三国墓，主要有砖室墓、石室墓、土坑墓三种形制，随葬品以日用陶器为主。更多数量的三国墓集中发现于合浦，且形制结构相对其他地区的较为复杂，随葬器物组合基本延续东汉晚期的特征。其中，岭脚村三国墓规模较大、保存基本完好，这里的一物一器早已被刻划上时代独有的印记，逾山越海，终与东吴之风汇聚。

　　这座墓编号 M4，为双层券顶带侧室砖室墓。由于早年被盗，后室随葬品基本被盗空。幸运的是，前室在被盗前就已坍塌，因此前室及耳室内的随葬品从盗墓贼手中逃过一劫，得以较完好地保存下来，出土器物 105 件，包括陶瓷器、铜器、铁器、玉器、黄金、玻璃、宝石珠饰等。考古人员在发掘过程中发现，该墓葬存在后期扩建的现象，应与祔葬有关。祔葬是中国古代的一种丧葬制度，发源于西周，有同一茔地中各自为墓，也有若干墓室埋在同一座封土下，还有几代人埋在同一墓室内，体现了封建大土地所有制和封建家庭的强化。在著名的洛阳烧沟汉墓中，发现同座墓中埋葬父母及未成年子女，也见有埋葬三代人的现象。祔葬墓在三国两晋南北朝广泛流行，以家庭为单位，祔葬者一般为墓主的直系亲属，墓室为一次建造，有的同时埋葬，也有的之后埋葬，大多数为多室墓，形制也无定式。岭脚村 M4 的祔葬现象，是汉代丧葬习俗的延续。

岭脚村 M4 的随葬品具有典型的吴地文化特征，是合浦与吴地密切交流的体现，三羊镜尤为典型。出土的三羊镜（编号 M4：94），直径达 11.3 厘米，缘厚 0.4 厘米。圆钮座，座外三乳间三羊，三羊形态相似，顺时针朝向，铭文能辨认的有"……三口作竟（镜）……不羊宜口……"等字。王仲殊指出，此类有"三羊""黄羊""青羊"名号的铜镜，应是东汉末期至三国、西晋时期吴郡吴县制镜工匠家族所铸。与岭脚村 M4 所出相类的，还有 1956 年在贵县出土的三羊子孙铭带纹铜镜。这两面铜镜应都是在吴地铸造后，传播至合浦的。

吴地传播至合浦的不止三羊镜，还有烧造精美的青瓷器皿。岭脚村 M4 所出土的青瓷器烧成温度高，釉色青绿，有玻璃质，胎釉结合紧密，厚薄均匀，器型以碗、钵、罐、杯等为主，造型与吴地所出相近，明显具有三国时期江苏、浙江一带

六朝墓葬

吴地产品的特征，也应是从吴地传入的。三国时期的珠官郡隶属东吴，合浦作为海上丝绸之路始发港所在地，与海外交流频繁，承担着把海外文化向吴地传播的重任，可谓是文化传播的中转枢纽。

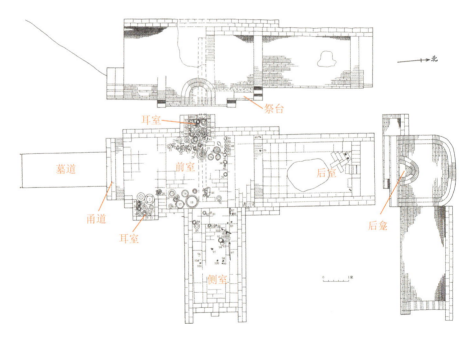

岭脚村三国墓平面图、剖面图

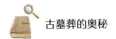

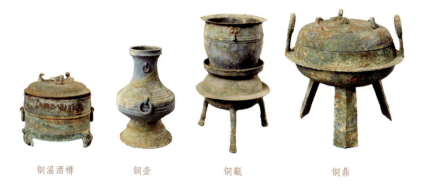

铜温酒樽　　　　　铜壶　　　　　　铜瓿　　　　　　铜鼎

青瓷碗　　　　　　青瓷钵　　　　青瓷四系罐　　　　青瓷罐

岭脚村三国墓出土的器物

岭脚村三国墓出土的三羊镜　　　贵港供销社 M33 出土的三羊子孙铭带纹铜镜

六朝墓葬

东晋纪年砖墓：墓室里的时间印记

◆▸◀◆

广西发现的晋墓主要分布于兴安界首和罗家山、藤县、灌阳、平乐银山岭、钟山、临桂、阳朔高田、贺州凤凰岭、贵港马鞍岭、合浦等地。此外，原发掘报告判定为南朝时期的苍梧倒水墓和永福寿城墓，经过学者研究，应定为晋墓。

广西晋墓的墓葬形制简洁，逐渐转变为"凸"字形的单室短甬道直券顶结构，部分地区出现长方形小型叠涩顶或平铺盖顶的砖石墓。长江以南流行的四耳罐、鸡首壶、唾壶、虎子、砚、碗、盘、碟、钵等日用青瓷器皿开始成为随葬品的主流。

这一时期的纪年砖墓逐渐增多，纪年砖所载的时间信息，对墓葬的断代具有重要的学术意义。纪年砖墓，指墓室用砖上有文字纪年的墓葬。纪年砖上所记载的文字一般可指向烧造墓砖或修筑墓室的年代，是墓葬断代的重要依据，但也存在后代使用前代墓砖的情形，一定要仔细观察并区分。

2006 年，考古人员在全州至兴安高速公路建设沿线的罗家山、鸟厂山、阳西岭、新塘铺村进行发掘，其中在鸟厂山、阳西岭发现纪年砖墓。

阳西岭 M2 墓砖多为青砖，有两块砖侧面见有"义熙五年……"纪年文字。"义熙"为东晋安帝司马德宗年号，"义熙五年"即 409 年，证明该墓的年代为东晋晚期。

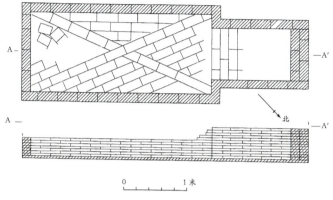

阳西岭 M2 平面图、剖面图

阳西岭 M2 墓底

六朝墓葬

阳西岭 M2 墓砖拓片

小贴士

　　乌厂山 M1 墓砖均为青砖，正面一般施绳纹，侧面为几何印纹，个别墓砖侧面或正面印有"元康九年大岁在癸未月"纪年文字。"元康"为西晋惠帝司马衷年号，"元康九年"即 299 年，指向该墓的年代应为西晋晚期。

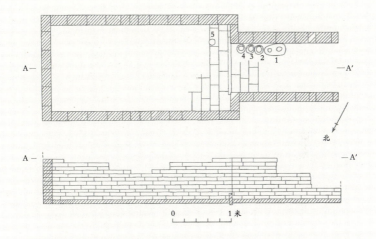

鸟厂山 M1 平面图、剖面图

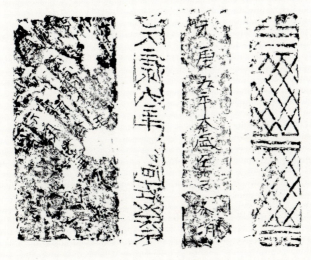

鸟厂山 M1 墓砖拓片

六朝墓葬

南朝墓：康平社会的地下余珍

◆▶◀◆

广西地区发现的南朝墓主要分布在桂林市区及其周边的灵川、恭城、横塘、兴安，柳州融安、鹿寨，贺州昭平、钟山，梧州藤县，贵港和北海等地。有砖室墓、石室墓、石板墓、土坑墓几种形制，其中规模稍大的墓葬结构变得复杂，出现砖柱、天井、壁龛、灯龛、直棂窗、天井、排水沟等设施，还出现了墓室狭长的长方形小型砖室墓。此时随葬品中的滑石器增多，有猪、人俑、砚、甗、杯、钵、盘、勺等，还出土不少滑石买地券。

◆ 酷似北方汉人的滑石俑

柳州融安安宁 M2 出土的滑石人俑与买地券最值得关注。该墓为砖室墓，平面呈"凸"字形。墓顶部倒塌严重，无葬具及骨架，随葬品亦经扰乱。出土器物 11 件，有瓷、滑石两类。墓的年代，可从买地券文字进行判断，为南朝梁武帝萧衍天监十八年（519 年）。

安宁 M2 出土的滑石俑展现的可能是墓主侍从的形象。一

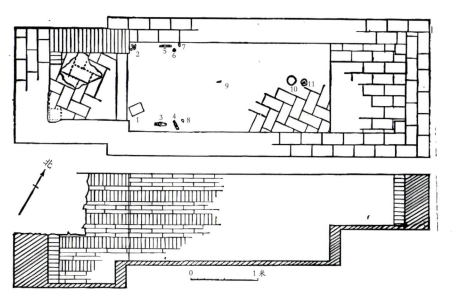

1. 滑石买地券；2. 陶片；3～5、7. 滑石俑；6、8. 滑石杯；9. 滑石猪；10. 滑石砚；11. 瓷碗

安宁 M2 平面图、剖面图

件为女俑，身着广袖袴褶，雕刻较为精细，发髻梳于头部两侧，
脚穿高头履，通高约 16 厘米；另一件为男俑，上穿短披风，下
穿袴，刻划较精细，单髻梳于头顶，双臂下垂隐于披风下，通
高 20 厘米。相同形制的还见于柳州融安安宁 M5、桂林尧山纪
年墓、桂林恭城新街长茶地 M1 和 M3、桂林横塘农场 M2 和
M3，融安县文物管理所收藏的滑石男俑也属于此类俑。

六朝墓葬

安宁 M2 出土　　　　　　　　　　　安宁 M5 出土

滑石人俑

　　广西本地随葬滑石俑的习俗最早见于西汉晚期，发现数量极少，仅几件，如 1986 年在藤县鸡谷山西汉墓出土的 2 件滑石俑，此时俑的形象极其简单，仅轮廓呈人形。东汉及三国两晋时期并未发现滑石俑的随葬，到了南朝，滑石俑在桂中、桂北地区流行，之后滑石俑又再一次退出了广西的历史舞台。

藤县鸡谷山西汉墓出土的滑石俑

古墓葬的奥秘

广西出土人俑的南朝墓，集中分布在当时的郡治所在地，或者周边地区。比如，融安是南朝齐齐熙县、齐熙郡以及南朝梁东宁州所在地，桂林一带是三国吴置、南朝齐复置始安郡治所，故这些墓的墓主应具有一定的身份地位。

广西南朝时期的俑均为滑石质。当时，今湖南、桂林一带是著名的滑石产地，拥有丰富的滑石矿资源，为滑石器的制作提供了充足的原材料。陶弘景《名医别录》就有记载："滑石，色正白，仙经用之为泥。今出湘州、始安郡诸处。初取软如泥，久渐坚强，人多以作冢中明器物。"

出土的南朝时期滑石俑应为本地所产，但均为典型的汉人形象，都穿着汉人服饰，与这一时期北方汉人南迁有着密切的联系。六朝时期有大量的北方移民涌入两广，其中一部分是因升迁贬黜或沉重赋役等，也有一部分是被这里康平的社会环境和众多的奇珍异宝所吸引，主动移民两广。西晋末年北方战乱动荡，但两广地区位于南方，相对安宁康平。墓葬所出的铭文砖就有对这一时期社会环境的详细描写。如梧州富民坊西晋墓出土"永嘉中，天下灾，但江南，尚康平"铭文砖等。与广西所出同一类型的南朝滑石俑，迄今未在其他地区发现。此类滑石俑展现的汉人形象，与两广地区三国两晋时期其他材质、类型的人俑相比多有变化，应该是南迁而来的汉人把自身的服饰特点与滑石结合而产生的特色随葬习俗。

◆ 佛道共存

六朝时期，道教与佛教都逐渐盛行，两种宗教在同一时期

六朝墓葬

共存，呈方兴未艾之势，折射在墓葬材料中，才让今天的我们得以窥探一二。

融安安宁2号墓出土滑石买地券1件，长18.7厘米，宽12.7厘米，厚2.2厘米。经考证，墓主为覃华。券文如下：

太岁己亥十二月四日齐熙郡覃中县都乡治下里覃华，薄命终没归蒿里。今买宅在本［乡］（郡）骑店里，纵广五亩地，立冢一丘自葬，雇钱万万九千九百九十九文。四域之内，生根之物，尽属死人。即日毕了。时任知李定度、张坚固，以钱半百，分券为明。如律令。

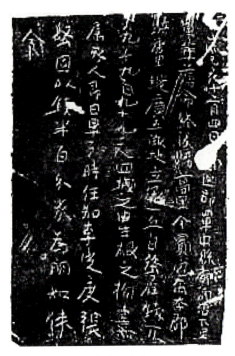

覃华买地券

买地券又称为"墓别""地券",由买地契约演变而来,从东汉到明清历代皆有,是一种虚拟的冥界土地买卖契约,是向地下鬼神购买葬地的一种形式,以求鬼神的保佑。广西发现的买地券有滑石质和石质两种。如桂林北郊的"泰始六年欧阳景熙买地券"、灵川县的"南朝齐永明四年□餃买地券""齐永明五年黄道丘买地券""梁天监十五年熊薇买地券""梁普通四年熊悦买地券""南朝佚名买地券"、桂林尧山的"齐永明五年秦僧猛买地券"、融安的"梁天监十八年覃华买地券"、鹿寨县的"梁中大通五年周当易买地券"。这些买地券与南京及其周边地区,以及长沙、鄂州、武昌等岭北楚地所出类似,很可能分别源自这两个地区。

买地券文本中内容多为格式化的用语,土地数量和价格普遍缺乏真实意义,如土地价格"万万九千九百九十九文",宅地来源有"从天买地、从地买宅"等表述。买地券的出现与道教的兴盛有极大的关系,立约见证有天帝、土伯、东王公、西王母、王侨、赤松子、张坚固、李定度等道教信仰体系中的神仙,表示效力的有"四域之内,生根之物,尽属死人"等咒语。还有出现在熊薇买地券和周当易买地券中的"醉酒命终"的用词,是道教中对死亡的讳称;欧阳景熙买地券则指向其"道民"的身份,以及"如律令""如太上老君律令"等固定的文末用语,都体现出这一时期道教信仰对人们社会生活的影响。

六朝时期佛教也日渐兴盛,两教共存的盛景从考古出土的实物中均可窥见一斑。佛教至迟在东汉时期沿海路传入广西地区,三国时已在合浦中上阶层流行。合浦出土钵生莲花器至今

六朝墓葬

发现有 13 件，除 1 件属东汉末期外，12 件均属三国时期，之后的晋、南朝墓中均未见，说明钵生莲花器仅盛行于三国，且流行限于合浦一地。该器物脱胎于佛教故事"钵生莲花"，出现和盛行的时间也与佛教自海路传入的时间相当。这一时期，佛教文化因素出现在各种器物上，除了上述钵生莲花器，还有带流铜壶、黄道十二宫铜镜，以及南朝流行的饰莲花、忍冬纹的青瓷器皿等。

岭脚村三国墓出土的带流铜壶（编号 M4：33），在此前的合浦东汉晚期墓中未曾有发现，其盖上的宝塔形钮、莲花瓣纹饰、象首长鼻形流，是佛教文化的象征。壶的腹中部有一象首

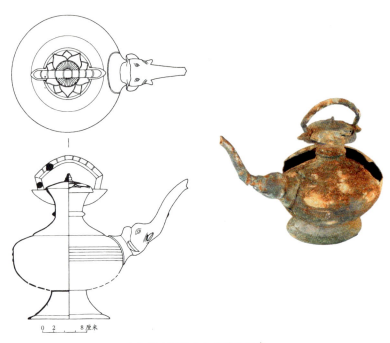

岭脚村三国墓出土的带流铜壶

形流，象面与壶身相连，可见象的耳朵、眼睛、牙，昂起的象鼻即为流，造型美观生动。这一象形流与壶身是制范后一次铸成的，眼睛等细部是錾刻上去的。

相似形制的铜壶，在梧州富民坊墓以及浙江余姚地区各发现1件，更远范围的越南中北部地区亦有出土，造型样式可追溯至古印度犍陀罗地区，所出土的年代最早为公元前2世纪，在印度早期佛教遗迹中也多见该形制的带流壶。这类器物为一种净水容器，汉译佛典为"金瓶、宝瓶、净瓶"，用来净手和沐浴，有的则作为赠礼、供养布施的礼器，有庄严吉祥的寓意。2—3世纪是贵霜王朝繁盛的顶峰，此时的佛教徒与商人通过陆路和海路与汉王朝来往频繁，携带的佛经、佛像和常用器皿随之传入。岭脚村三国墓所出的带流铜壶，采用的是中国古代传统模范法铸造，应为本地仿制的。

用佛像做器物装饰和花纹，是江南吴地特有的风俗，大约盛行于三国吴中期，东晋以后衰退。考古发现的佛像夔凤镜主要出土于三国时期的吴国境内，也是佛教在吴地流行的结果。吴地佛像夔凤镜的连弧纹带中的螃蟹、瓶子图像被指源自黄道十二宫，1978年广西贵县出土的四叶纹瑞兽对凤镜也佐证了这一点。从交通线路来看，黄道十二宫图像伴随佛教入华，由海路传至吴地，是有极大可能的。

至迟在东汉晚期，佛教已沿海路传入广西。三国两晋时期，佛教日渐兴盛，到南朝时期已普遍流行。脱胎于佛教的莲花纹、忍冬纹普遍见于南朝的青瓷器皿上，可见佛教正逐渐渗透人们的日常生活，在古代中国的信仰世界中缓缓生根。

六朝墓葬

四叶纹瑞兽对凤镜（贵港市工农师范广场 M3）

青瓷碗（恭城黄岭大湾地 M2:5）

青瓷碗（恭城黄岭大湾地 M2:21）

青瓷盘（恭城新街长茶地 M3:1）

青瓷盘（恭城新街长茶地 M1）

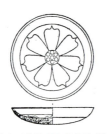

青瓷盘（恭城新街长茶地 M3:6）

青瓷鸡首壶（融安安宁 M5:16）

南朝墓出土的带莲花纹青瓷器

隋唐墓葬

　　广西地区发现的隋唐墓葬不多，正式发掘并有公开发表的仅为少数，分布在桂北、桂东、桂东南、桂南地区，在广大的桂西地区迄今尚无发现。从墓葬形制和随葬品风格来看，位于桂北地区的墓葬受岭北影响较大，桂东地区的墓葬与今广东地区的墓葬较为相似。隋至初唐时期，岭南地区的墓葬延续六朝时期的特征，多以砖室墓为主，仍有以"人"字形铺地砖和带壁龛的特征。进入唐中晚期，受到统治阶级推行的丧葬制度的影响，墓葬对随葬品数量种类有严格要求。大多数平民墓葬都为土坑墓，且采用薄葬，埋藏较浅，无随葬品。一些墓葬可能由于历代水土流失、人工侵扰等，早已荡然无存。

久隆宁氏家族墓地：寻找岭南豪强的埋骨之地

• ▶◀ •

◆ 两块墓碑

宁氏家族墓地的发现与两块墓碑——《宁越郡钦江县正议大夫之碑》和《开元廿年宁道务墓志》碑有关。位于钦江以东、新明江以西的大雾岭亦称作大墓岭，是一片古墓葬聚集地。据民国《钦县县志》记载，近百年来，此地居民先后发现了宁赞与宁道务的墓葬及墓碑。

其中，《宁越郡钦江县正议大夫之碑》是隋代宁赞墓的墓志铭。清道光六年（1826年）七月，钦县上游距县城数十里的七星坪山洪暴发，墓碑被冲出并遗弃在路旁。之后有人得知此墓碑为历史文物后，将其嵌于县城诸经阁的墙上。1939年，为防日寇轰炸，当地群众又将石碑埋藏于沙坡村地下，之后再寻已不见。直到1959年，农民在开荒时再次发现了这方石碑，并将其移交广东省博物馆展出。全碑通高1.30米，宽0.92米，为顶弧底平的长方形，字体为带隶韵的楷书，边款为隶书，笔画刚劲有力，行列整齐。内容记载了宁氏家族的源流，墓主宁赞的籍贯以及他的祖父、父亲、兄长的官职情况，还介绍了宁赞的

《宁越郡钦江县正议大夫之碑》（钦州市博物馆供图）

才学、官职、军功、卒年，最后为对宁赟的颂赞词。

　　《开元廿年宁道务墓志》碑的遭遇同样令人扼腕叹息，被发现时已碎为 10 块。根据民国《钦县县志》记载，此碑发现于民国九年（1920 年），位于钦州市平吉乡（今久隆镇）平心村。由冯家对其进行修补并收藏，抗日战争时为躲避战乱，匆忙间将其捣碎，现今仅存六分之一，藏于自治区博物馆。全碑高约 1.3 米，碑文约 1500 字，全部采用楷书和魏碑字体。材质为采用当地泥料制成的软陶，泥料细腻，结构致密。碑面已有 70 多字因剥落而无法辨识。碑文记载了宁道务的生平事迹：宁道务为宁琚之子，宁长真之孙，为宁氏世袭刺史，延续了宁氏家族的族谱。

隋唐墓葬

《开元廿年宁道务墓志》残碑

　　仅凭这两方残碑，尚不能让考古工作者确定宁氏家族墓地的准确位置。1976—1977 年，广西考古工作者在钦州久隆进行调查时发现了一批古墓葬。1977 年、1981 年，陆续清理出 7 座墓葬。这 7 座墓葬虽不连在一起，但均在大雾岭东麓，南有隋大业五年宁赞墓，北有唐开元廿年宁道务墓，均属东西向，南北成列，墓室形制和随葬品的配置都有相同和相似之处，它们之间似有一定的关系。经考古人员推断，这片区域很可能是宁越郡首领宁氏家族的墓地。出土器物有陶四系罐、四耳陶钵、陶壶、瓷碟、瓷碗、玻璃杯、金箔冥币、铜镜、金钗等。

　　其中，M4、M5 为夫妇合葬的双室墓。双室平行，大小相等，形式相同，两室间隔墙前部设有券拱式过道相通。随葬品里发现 1 件十二生肖铜镜，破为两半分置于两个墓室内，其中

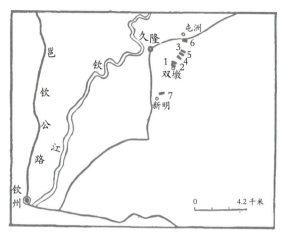

久隆墓葬分布图

左室的镜面朝上，右室的镜面朝下。将铜镜破为两半随葬，是毁器习俗的一种。修复拼合后的铜镜，直径23.4厘米，半圆镜钮，内区饰云气狮虎等瑞兽及八卦纹，外区则饰十二生肖，镜缘为铭带，有楷书铭文。修复后的镜面依然光耀可鉴，反映出较高的铸造工艺水平。

久隆 M4、M5 出土的铜镜（修复后）

隋唐墓葬

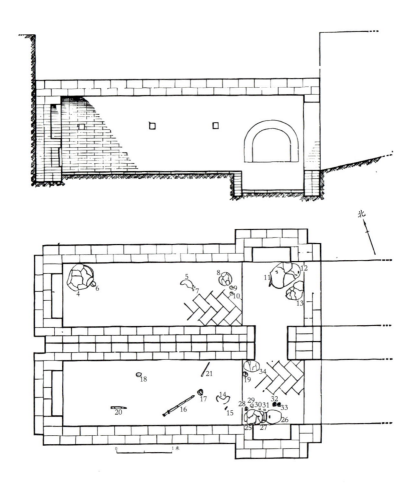

4.陶罐；5、14.铜镜；6.青瓷杯；7.五铢钱；8.铁锅；9、10、28～33.塔形陶盂；
11～13、25～27.四耳陶罐；15.金发钗；16.铁剑；17～19.青瓷碗；20.铁刀；
21.铁器；34.陶四系罐（注：1～3.青瓷碗，置北室北壁3个小龛内；22～24.青瓷碗，
置南室南壁3个小龛内）

久隆 M5 平面图、剖面图

古墓葬的奥秘

陶四系罐

四耳陶钵

平底瓷碟

实足瓷碗

玻璃杯

陶壶

金箔冥币

四龙戏珠铜镜

金钗

久隆墓群出土的器物（钦州市博物馆供图）

隋唐墓葬

◆ 宁氏家族

南朝末年至隋唐时期是俚人发展的全盛时期。俚人源自百越民族，《隋书·南蛮列传》记载："南蛮杂类，与华人错居，曰蜒，曰儴，曰俚，曰僚，曰伲，俱无君长，随山洞而居，古先所谓百越是也。"宁氏家族应该是东汉以来在这一带活动的乌浒僚的一支，主要活动于以钦州、廉州为中心的宁越郡和合浦郡。

小贴士

"儴"原文为"獽"，"僚"原文为"燎"。因"獽""燎"为民族性称谓，反映当时的文化偏见与历史局限性，为与目前的政策、形势相适应，我们以历史唯物主义的态度来辩证对待，用偏中性且字形相近的"儴""僚"来替代。

宁氏家族自南朝后期至中唐，一直是岭南地区势力最大的土豪之一，中唐后逐渐远离了世袭领地。宁赞与宁道务的墓志中记载，其先祖为冀州临淄人，自南朝始定居在岭南，梁时宁逵出任定州刺史，入居岭南，世代为俚帅。出土的两方宁氏家族墓志的内容中，宁氏自称汉人，渊源可追溯至春秋时期中原地区。亦有研究表明宁氏家族先祖为当地的俚族，在《隋书》《新唐书》的诸多记载中均可考证。《隋书》的记载中，就提到宁氏属于越人，宁猛力接受朝廷的招抚和封赐；《新唐书》记载了以宁氏为代表的蛮僚的活动区域。自南朝后，宁逵出任定州与安州刺史；隋代时，宁逵的儿子宁猛力出任安州与交州刺史，孙宁长贞复任钦州刺史与宁越郡太守，次孙宁贙出任钦江县郑议大夫；唐代时，曾孙宁道务续任新州与封州刺史，因此宁氏家族又有"刺史世家"之称。

宁氏家族在传播汉族先进文化、促进民族融合方面均贡献了较大的力量。宁氏家族与俚僚人和睦相处，有效地处理了当地的民族关系。隋炀帝曾三度对高丽征伐，《新唐书》记载宁长贞率部数千人远征，战功赫赫，之后"为鸿胪卿，授安抚大使，遣还"，可见宁氏在这场战争中的丰功伟绩。

隋唐墓葬

李諫夫妻合葬墓：迁葬

◆▶◀◆

　　李諫为循州（今广东惠州）刺史，合葬墓位于今广西容县容州镇同古村担水岭。该墓为夫妇合葬墓，双室并列，南北两室间有一甬道相连接，形制与钦州久隆M4、M5相似。早年被盗，清理时仅于北室内发现3方墓志石和少量料珠、铜钱、棺钉等物。

　　这3方墓志石包括循州刺史李諫墓志、李妻郭氏墓志和开成五年（840年）迁葬的志石。从李諫墓志得知，李諫八世祖李金才在隋代被封为由公，由公第四子李宇出为藤州（今广西藤县）淳氏宰，子孙因寓岭南。曾祖李弦璋为郴州刺史，祖父李重昂为普宁郡（今广西容县）都督府长史，父李实为潮州刺史。李諫本人先后在容管经略使韦丹和房启手下任职，后转领绣州（今广西桂平市）、党州（今广西兴业县），参加过平定当地少数民族起事，后升为严州刺史，转循州刺史。大和三年（829年）六月病故于别馆，终年63岁。同年十二月归葬于容州普宁县安育乡富果大容山之原（容州位于今玉林市容县一带）。

　　从郭氏墓志得知，郭氏先其夫一年（即大和二年，828年）

李谏墓志拓片

病死于循州官舍，由其子李孟博扶柩归容州，殡于普宁县平潭乡平潭里光榔山西容邦原。根据迁葬志石所载，开成五年（840年）李孟博将他们迁葬在一起。

　　魏晋南北朝开始在墓内置墓志，两晋的墓志为石质或砖质，形状多为长方形。北魏后期流行方形有盖的石质墓志，唐代使用更为普遍。墓志的大小因墓主身份而亦有等级之分。这3方墓志石现于容县博物馆展出，为研究李谏夫妻合葬墓提供了宝贵的实物证据。

木铎冲遗址墓葬：十二生肖俑的流行

◆▶▶◀

    木铎冲遗址位于梧州市郊，所发现的 M1 与 M5 被定为唐代墓。其中，M1 为竖穴土坑墓，墓室尸骨已无存，靠西北角随葬 1 件青瓷带盖四耳罐，罐内无物。M5 为长方形竖穴土坑墓，无封土堆，尸骨、棺木无存，但在墓底发现棺木腐朽后的残留物，墓内出土金钗、银盏、银匙、铜镜、瓷罐、陶俑、滑石猪、镇墓兽等随葬品。

木铎冲遗址 M5 墓室

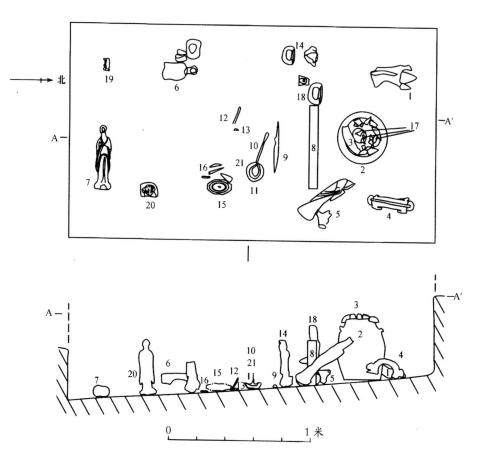

北

A —

— A'

A —

— A'

0　　　　　　　　　1 米

1、4.镇墓兽；2.青瓷罐；3.青瓷碗；5.陶牛；6.陶猪；7.陶鸡；8.陶砖；9、17.残木片；
10、21.银匙；11.银盏；12、13.金钗；14.陶狗；15.铜镜；16.银器残片；18.陶虎；
19.滑石猪；20.陶鼠

木铎冲遗址 M5 平面图、剖面图

隋唐墓葬

金钗

银匙

银盏

铜镜

青瓷四系罐

陶镇墓兽

陶墓龙

滑石猪

木铎冲遗址 M5 出土的器物

古墓葬的奥秘

随葬品中有 6 件十二生肖俑，泥质陶，通高近 30 厘米，兽首人身，均呈站立状，双手合抱于胸前；身着右衽长袍，腰束带，衣领敞开，衣袖宽大，褶皱鲜明。头部形象和衣服纹饰均用深浅粗细不一的刻划线条表示，从颈部的痕迹来看，兽头与人身应为分别制作好后再粘为一体。头部刻划粗糙，形象较为模糊。整体胎质较粗，均呈灰白色；釉色分灰白和灰黑两种，除猪俑的灰黑釉保存较好外，其他俑的釉均脱落。

十二生肖俑随葬最早出现在北魏时期的墓葬中，发展至隋代较为普遍，常见形象演变成为坐姿的兽首人身像，湖南、湖北、四川等地区的墓葬中都见有坐姿的十二生肖俑出土，唐高宗、武宗年间，两湖地区出现站立式的生肖俑，逐渐取代坐姿俑。梧州木铎冲遗址 M5 出土的兽首人身十二生肖俑，在岭南地区少见，却在同一时期两湖地区的墓葬中较为常见。梧州毗邻广东，南迁的汉人从湖南进入桂东地区，或是从广东地区沿

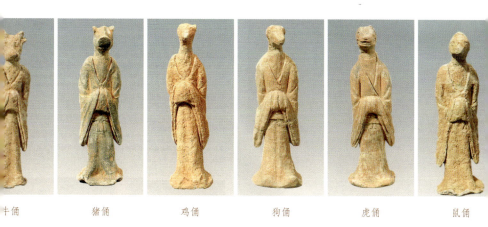

牛俑　　　　猪俑　　　　鸡俑　　　　狗俑　　　　虎俑　　　　鼠俑

木铎冲遗址 M5 出土的十二生肖陶俑

隋唐墓葬

西江而上抵达梧州，其所带来的丧葬习俗影响了梧州地区的墓葬风格。

《唐会要》对官吏庶人所用的随葬品有详细记载："［元和］六年十二月流条：'文武官及庶人丧葬，三品以上明器九十事，四神十二时在内……九品以上四十事，四神十二时在内……庶人明器一十五事……四神十二时各仪请不置'。"丧葬等级制度九品以上的官吏墓葬可以使用十二生肖俑，墓主应为地方的低级官吏。十二生肖俑出现在墓葬中，有表示方位、记年月的作用，用十二神轮流守护墓主，有驱邪避凶的作用，与镇墓兽一类起压胜的作用，"压胜"即辟邪的意思。但成套出现的十二生肖，更多指向时间轮回之意。

同时，木铎冲遗址 M5 出土 2 件镇墓兽，其中 1 件为双头龙，即墓龙。《大汉原陵秘葬经》记载的两人首龙（蛇）身俑和两兽首龙（蛇）身俑，属于一种镇墓压胜俑，初唐时期开始出现在墓葬中。

安史之乱之后，唐代墓葬制度发生变化，墓葬结构简化，规模缩小，天井和壁龛不见，随葬的陶俑数量减少，镇墓兽和天王俑也少见，甚至不用，只有十二生肖俑仍在流行。

宋元明清墓葬

　　广西发掘的宋元明清时期墓葬数量很少，使得这一离我们年代较近的古墓面貌充满疑团。广西宋墓的真实面貌是怎样的？元代墓葬又藏于何处？在既往的研究成果中，宋代火葬墓的发现为探讨火葬习俗的发展演变提供了重要线索；明代思明府的第二十任土司黄承祖夫妻合葬墓，出土了一批精美的金饰品，让今人感叹当时土司的奢华生活。

叠压与打破：宋墓还是汉墓？

◆▶◀◆

　　1955 年 2 月，贵县中学平整体育场时，意外发现了 18 座古墓，其中一座是相当完整的砖室墓，由封门、甬道、前室、后室构成。因出土"皇宋通宝""崇宁通宝"等宋代钱币，按"考古断代惟晚"的原则，发掘者把这座墓葬年代断为北宋中叶以后，资料遂即发表在《考古通讯》1955 年第 5 期。

　　简讯虽文字描述不多，也仅附有两张照片，但足以让黄文宽（1910—1989 年）对墓葬的年代判断产生了怀疑。黄文宽先生是广东人，早年就读于广州法学院，历任中山大学教授、广东省文物保管委员会委员、文史研究馆副馆长等职，广泛涉猎考古、史学、书法和篆刻领域，对岭南艺术及相关岭南文化造诣颇深。他把该墓的出土器物分为两组：一组是 2 件内底印有花瓣纹的瓷碗和 10 枚宋钱，另一组是 3 件陶罐、4 件陶屋（或仓）、1 件陶灶（含陶甑）、6 枚五铢钱以及玻璃、玛瑙珠饰。这两组器物明显不属于同一年代。黄文宽假定，这座古墓是东汉中期的，被后来的宋墓打破了，于是两座墓葬的文物就混在了一起，造成了年代判断上的失误，他很快将这一认识刊布在

《考古通讯》1957年第2期上。黄文宽这个判断是对的。从照片上看，汉墓的甬道和前室——宋墓所处位置已被毁；第二组器物在汉墓中常见，而且这类前室为叠涩穹窿顶、后室为直券顶的墓葬形制发现于两广地区的东汉中晚期墓，双后室并列的形制更与合浦风门岭10号墓如出一辙。

"叠压"和"打破"是考古地层学的关键概念。叠压就是正常的遗存堆积层次，也就是"旧的在下新的在上"；打破就是正常上下所表示的时序次序发生破坏，比如建筑基坑、墓葬、打井等都会造成打破关系。对此，国家文物局在2009年颁布的《田野考古工作规程》中作了原则性的要求，依据土色、土质、包含物以及其他现象区分堆积单位（比如一座墓葬），完整地把握遗迹单位的边界形态，然后根据地层学原理，依照堆积形成的相反顺序逐一按堆积单位发掘，就是先清理干净晚期的，再发掘早期的，避免晚期的器物混入早期的堆积中，造成误判。

贵县中学砖室墓及出土的陶屋

宋元明清墓葬

合浦风门岭 M10

出现在约 70 年前的这一误判，本无可厚非，但让我们得以理解考古作为一门科学的严肃性和复杂性，也给初学者以启迪，考古需谨慎！

崇左市汽车总站 21 号墓：宋代的火葬

◆▶◀

　　崇左市汽车总站墓群位于崇左市北面太平镇东北部。其中的 M21，封土呈馒头形，周围用经过打磨加工的石块围砌，环绕封土呈半环形分布，中间填埋泥土。墓碑早已不存，唯余碑座。该墓没有明显墓穴，在封土底部发现瓮罐 2 件，分别置于

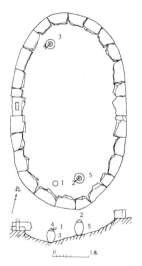

1、2、4.青瓷碗；3、5.青瓷罐

崇左市汽车总站 M21 平面图、剖面图

宋元明清墓葬

西北角和东南角。其中一件为青瓷四系罐，罐内装有人骨，经火烧，随葬唐代"开元通宝"2枚，罐上倒扣1个瓷碗，其旁随葬青黄釉瓷碗1个；另一件青瓷瓮罐内亦发现有火烧过的人骨，罐上扣青白釉瓷碗1个，罐内出土唐代"开元通宝"6枚、"乾元重宝"1枚。虽然出土了前朝的铜钱，但是从瓷器的年代来判断，该墓应为北宋早期的火葬墓。

火葬起源于何时尚无确切的定论。新石器时代的墓葬发现的人骨上有用火的痕迹，顶蛳山文化中的秋江遗址的个别墓葬中有肢骨、头骨残片被火熏黑，但无法证实此时已出现了火葬。先秦时期岩洞葬中发现的人骨，亦经火烧，但很有可能仅是二次葬留下的痕迹。

唐末五代时战乱频发，社会动荡，人死后丧事从简，民间普遍采用火葬，之后的宋元时期逐渐盛行。有学者认为火葬的盛行，其一与佛教思想的推广有关，佛教徒主张"戒火自焚"，效仿释迦牟尼涅槃；其二应与宋代的土地所有制有关，在大土地私有制下，大部分土地都归官僚、地主所有，无数贫民死后无地埋葬，采取火葬的方式可节省土地资源，亦节省成本，从丧事成本上计算，火葬的成本比土葬要低许多，是贫民的首选。据宋元史籍记载，当时实行火葬的一般为没有土地的贫民、破产的商人、贫苦的手工业者以及客死他乡者。还有的因瘟疫灾病死后实行火葬，以防止传染，确保生活环境的卫生安全。与贫民墓简单潦草不同，官僚、地主等权贵阶层的火葬墓相对讲究，葬具有陶罐、陶棺、瓦棺、木匣等，用砖或石板砌成墓室，有的随葬品较丰厚，有铜钱、陶罐、瓷碟、瓷碗等，还有的随葬人俑。

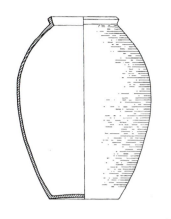
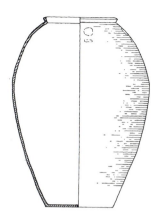

青瓷罐

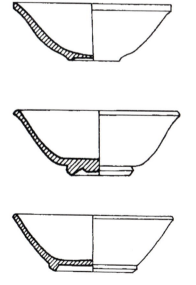

瓷碗

开元通宝

乾元重宝

崇左市汽车总站 M21 出土的器物

宋元明清墓葬

尽管宋初就有禁止火葬的诏令，但收效甚微。到明代，朱元璋认为火葬是"胡俗""伤恩败俗"，洪武三年（1370年）下令严禁火葬。这一次的禁令相较宋元时期的更坚决，客死他乡之人也要官府资助其归葬。明代中叶之后，火葬习俗日渐式微，但在民间，直至清代仍有施行。

元代墓的迷踪

◆▶◀◆

南宋末年，蒙古军队攻取云南大理后，继续南下占领了交趾北部，宋理宗开庆元年（1259 年）北上攻入广西横山寨（位于今田东）。6 万宋军严阵以待，但横山寨还是一战而破。之后蒙古军队一路北上，沿贵州（今贵港市）、象州（今象州市）、静江府（今桂林市），进攻至潭州城（今长沙市），驻守桂林的李曾伯坚守城池，使蒙古军队绕道北上，桂林城逃过一劫。至元十三年（1276 年）六月，元将阿里海牙率兵从湖南攻入桂林。桂林守军誓死不降，最终被元军切断护城河水，桂林陷落，守将马墍被俘，"民闻城破，即纵火焚居室，多赴水死"。之后广西各地逐步沦陷，被纳入元王朝的有效统治之中。

横山寨和桂林两战，元军和守军、民众的伤亡都很惨重，但在今天的考古工作中，仍未发现有元人墓及元代墓葬的踪迹。不过，在广西地区亦有一些元代遗物的发现。最具代表性的是在横县（今横州市）发现的元青花人物故事图罐，是元青花九大人物故事图罐之一。1980 年，横县农业科学研究所平整土地，在推土机作业时发现 1 件青花瓷罐。之后该罐一直被摆

151

放在横县农业科学研究所的走廊和办公室角落，也一度被用来存放谷物和养花。直至 1989 年，才被横县文物保护管理所征集文物时发现，并辗转送至古陶瓷专家张浦生处，经鉴定为元青花罐，1991 年再经专家鉴定，定名为"元青花尉迟恭单鞭救主图罐"，现为国家一级文物。另据了解，在防城港潭蓬运河遗址、贵港贵城遗址、田东横山寨遗址也有元代瓷器的发现。在接下来的工作中，顺着这些文物的发现线索，找寻到元代墓葬或指日可待。

元青花尉迟恭单鞭救主图罐（南宁市博物馆供图）

古墓葬的奥秘

明代土司墓：土司奢华生活的见证

◆▶◀◆

　　黄承祖夫妻合葬墓，位于宁明县明江镇，1966 年发掘，墓主为明代思明府土知府黄承祖与其妻。出土了一批金饰品，其中有金簪 2 件、累丝金簪 2 件、金手镯 1 件、金戒指 12 件、花鸟纹金戒指 3 件、八宝金花 22 件、金凤饰件 2 件、"寿"字金饰 1 件。这些金饰品采用了锤揲、錾刻、焊接、累丝、镶嵌等金器制作工艺。

　　"土司"是由封建中央王朝特别任命的，由偏远或边疆民族地区首领担任的具体的世袭官职。土司制度是中央政权管理民族边疆地区的一种政策。元代，中央政府在唐宋羁縻州县的基础上，在左江、右江及红水河流域一带民族聚居地区设立有众多的土州、土县、土司等，由当地少数民族首领担任行政长官，实行对该地区的民族自治。

　　明王朝全面推广土司制度，广西是明代土司制度施行的主要边疆地区。黄氏土司的势力范围在左江流域一带的思明府。黄氏土司有 37 任，墓主黄承祖为第二十任，他在嘉靖四十二年（1563 年）至万历十六年（1588 年）任思明府土知府。清代改土归流，土司制度逐渐走向衰落。

宋元明清墓葬

金钱

金戒指

花鸟纹金戒指

累丝金簪   金簪   金凤饰件

黄承祖土司合葬墓出土的金饰

金凤饰件

金手镯

"寿"字金饰　　　　　　　　　　　八宝金花

黄承祖土司合葬墓出土的金饰

宋元明清墓葬

与流官不同，朝廷任命的土司没有俸禄。《明史·职官志一》载："凡土司之官九级，自从三品至从七品，皆无岁禄。"但作为辖区内最高的地方长官，土司通过土地、劳役等积累了大量的财富，土司墓出土的大量制作精美的随葬品从侧面反映出明代土司奢华的生活。

后 记

　　我的职业生涯，可分为前后两段。前一阶段 30 载有余，其中有 27 年在田野考古一线，从事发掘与研究工作，还有 3 年多就职于广西壮族自治区博物馆，从事出土文物研究和科研管理工作；后一阶段，即从 2021 年元月始，我调入广西民族大学任教，教授考古学相关课程。后一阶段的工作与之前最大的区别，是要把深奥且略显枯燥的文物考古知识，通过深入浅出的解读，教授给学生，使学生理解并产生兴趣，进而学有所成，学有所用。既已体味考古科学普及的重要，故在广西文物保护与考古研究所林强所长邀约时，我与本书另一作者黄书玉经简单商议，便欣然从命。

　　黄书玉是我招收的第一届"世界文明交流互鉴"方向博士研究生，笃实好学，在接到任务后，她用了近 4 个月，包括整个 2024 年暑假，把广西地区发现的古墓资料及相关研究成果进行了全面系统的梳理，写出初稿。在此基础上，我们经过多次修改，反复推敲，力求通俗易懂、雅俗共赏。但囿于时间和水

后记

平，截至交稿日期，可以说我们还不够满意，有诸多把"答卷"交上、等待读者评判的忐忑。本书也是我与黄书玉各自主持的国家社科基金重大项目"汉代海上丝绸之路沿线国家考古遗存研究及相关历史文献整理"（21&ZD235）、广西研究生教育创新计划项目"从出土文物看早期佛教的海路南传"（YCBZ2024077）的阶段性成果，书中不少内容来自前期开展项目的认识。

感谢考古先贤和同行历年积累的墓葬发掘资料与研究成果，基于本书的体例和篇幅，引用难以一一对应罗列，深表歉意；感谢广西科学技术出版社的编辑，他们对古墓葬知识如何科普提出了宝贵的参考意见，更感谢丛书组织者，给予我们这次难得的机会。冀望此举有助于社会各界更多关注文物考古事业，共同为挖掘广西地区深厚的历史文化底蕴添砖加瓦。

熊昭明

2024 年 10 月

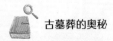